如果不想腦殘
——王林微博錄

王　林　著

中國非中
微博不微
人在其中
知著見微

——雅昌藝術網王林微博

自　序

　　網路作為自媒體，對於中國人的精神解放和思想表達，有著不可小覷的作用。而微博相對於微信而言，更具有公共性和批評性質。一百四十字為限的寫作，是民間公民社會本有的言論自由和文化權利，這是我對微博寫作產生興趣的原因。

　　本人從2012年3月30日23點44分上網至今，積字十余萬。粗略統計，其中因"非法內容，請檢查輸入"、"你要訪問的頁面不存在或已被刪除"、"已被管理員加密，此微博不適宜對外公開"、"有人舉報"、"多人舉報"等而被禁的條目，大概百有二三。現集成此書作為案例，可以從中窺見大陸網路的傳播狀況。因為是書面閱讀的原因，成書時作了少量調整：一是校正補充輸入時的錯漏；二是將分段上網的話語加以連綴；三是刪去無甚意義的說辭和對白。

　　微博於我，有點兒像思想體操，可以鍛煉思維，練習寫作。更重要的是嫉惡友善，斥邪扶正，於褒貶之間讓人保持立場與底線，不致於在一個腐敗社會做一個腐敗者，在一個野蠻時代做一個野蠻人——如果你不想腦殘的話。

　　是為自序。

王林

2015年5月12日

目錄

自序＼王林　005

一輯：如此這般中國　009
二輯：共和必需民主　085
三輯：當代藝術何為　127
四輯：人有人的活法　207

一輯：如此這般中國

中國是一個人質社會，國民是國家的人質，下級官員是上級官員的人質。

2012-3-30 23:44

薄熙來所謂"重慶模式"，就是一邊用個人專制權利剝奪市場經濟成果，以殺富濟貧的名義蒙蔽人心；一邊保護真正造成極大貧富差距的官僚資本和權利資本。任何一個社會都要解決貧富問題，但解決之道不是剝奪，不是革命，也不是運動，而是通過社會協調方式，比如罷工談判、稅率政策等等。──以均平欺騙窮人的政治是當今最壞的政治。

2012-4-5 17:13

在中國，官民共同富裕的沒有，官商共同富裕大大的有！現政府唯一該做的事情是提高工資、稿費、醫保、低保等等，還有就是公開官員及其親屬的收入、資產、國籍等等，少說些共同富裕的大話、廢話和假話。要說中國大陸最雷人的話，一句是政治改革，另一句就是共同富裕。

2012-4-6 07:00

1.一定要修檢閱廣場和遊行大道；2.一定要保存建國者屍體並裝進水晶棺；3.一定有一個偉大光榮正確的黨並團結在×××同志周圍；4.一定要找個國家為敵並讓大家同仇敵愾；5.一定要實行新聞封鎖並且不公佈政治內幕，哪怕事情過了幾十上百年──這就是社會主義國家？

2012-4-6 08:51

政治永遠都是黑暗的，較好的政治就是讓老百姓多少知道真相和遲早知道真相的政治。

2012-5-11 14:05

國家要騙人就說愛國，丈夫要騙人就說愛情，所以從國到家，愛這個字都有問題。因為孔夫子說仁者愛人，仁就是二人，二人愛人不知誰在愛，我說你在愛，你說我在愛，結果誰都沒愛。

2012-5-12 20:02

美國把總統關在籠子裏，讓老百姓看管；中國把人民關在籠子裏，讓領導人看管——所以中國人的地位很高，跟美國總統一樣高，都是最不得自由的人。

2012-5-13 11:52

薄熙來事件證明了現實體制的迴圈：你要談政治麼？我跟你耍流氓；你要耍流氓麼？我跟你講法律；你要講法律麼？好，對不起了，我要跟你談政治。這不就是薄依賴的現行體制麼？他倒楣不是倒體制的黴，倒的是對手和助手的黴。——只要天黑，對手和助手都是黑手！

2012-5-17 01:56

中國大陸有兩句話很流行，一句是"我是流氓我怕誰"，另一句是"年輕沒有什麼不可以"。痞子哲學大行其道，第一不講價值訴求，第二沒有道德底線。究其原因，體制掩蓋真實，官場崇尚厚黑，導致社會誠信喪失。此風源於在1957年反右鬥爭：真假顛倒，幾乎所有人都平了反，還說那次運動是正確的?!

2012-5-21 12:42

中國大陸房地產主要掛鈎的是政府規劃局及其後臺領導，只要勾兌好了，一是可以比別人便宜的拿地，二是更容易提高居住通行條件，三是可以修改規劃提高容積率。這三條都能提高房價賺錢比例。在這種操作中，錢是資本，權也是資本，都要瓜分利潤即剩餘價值──中國社會就是一個權力和資本聯合起來瓜分剩餘價值的權力資本主義社會。

2012-5-25 17:19

當代集權主義一是借愛國主義的殼，二是扮民主主義的像，三是把公民作為人質，四是視異見者為寇仇，五是公開欺騙輿論，六是暗中使用暴力。

2012-6-19 08:59

後極權的本質是極權的大眾意識形態化，是極權者脅迫、脅持大眾鎮壓那些力圖還大眾以個體獨立意識的人。普世價值傳播者乃是極權主義的天敵。

2012-6-19 19:23

北韓遲早會滅，大陸遲早會變，這是正道，既非王道亦非霸道。最壞的資本主義就是國家、官僚、權利三者結合的資本主義，中國大陸是也。最壞的社會主義就是一黨、孤家、獨裁三位一體的社會主義，近旁北韓是也。

2012-7-3 08:04

世上沒有最好的制度和政體，但應該追求不是最不好的體制──而鎮壓百姓特別是鎮壓學生的體制肯定是最壞的。

2012-7-4 09:49

何時開始中國成了”舌尖上的中國”？我們一邊在消費中沉淪，不再關心苦難和責任：一邊為逐利而無恥，失去道德邊界與底線。這一切都源自

這是汕頭老城的照片，很有歷史特色的建築。可現在一片破敗，沒人維護。想其命運也只有政府賣地賺錢，然後拆除開發房地產，官商勾結再賺錢——錢，錢，錢，在中國全是為了錢。沒有歷史底線，沒有道德底線，沒有人文底線，還談什麼文化大繁榮，大發展？

公民理性的缺失。原因有二：一，憲法規定的公民權形同虛設，而限制者、侵害者毫無顧忌；二，教育不是公民教育而是臣民教育，只服從於政黨意識形態管制。

2012-7-5 08:59

革命是中國發生的最糟糕的事情，革地主的命，現在誰成了大地主？革資本家的命，現在誰成了大資本家？革命無非是奪取權利和財產的藉口。唯獨革知識份子的命很成功，知識份子沒了小命，革命者又奪取不了知識。這才真正是"革"掉了的"命"！

2012-7-12 23:31

人民不能被發展，核電一類關乎大眾生命財產的事不能官方、公司說了算。

2012-7-15 13:34

柬埔寨阻止菲律賓針對南海問題拉票，中國應好好感謝柬埔寨。──中國對柬埔寨人民是有罪的：當年中國支援紅色高棉，柬共極其殘忍地殺害了近四分之一的國民。去金邊大屠殺博物館看看，中國總理應該在那裏下跪！不反省歷史、不直面罪惡的民族決非優秀民族，也稱不上一個大國民族。

2012-7-19 19:34

前蘇聯紅軍進入東北大肆強姦婦女，甚至在火車的廁所前公開排隊輪姦，當時東北婦女包括妓女都四處逃離、躲藏，民間稱之為"跑大鼻"。這筆帳長期以來沒人提及，強烈要求俄羅斯軍隊向中國婦女正式認罪、道歉。現在還如此粗暴炮擊我漁民，真他奶奶的不是東西！咱東北人要首先站出來抗議老毛子！

2012-7-20 08:57

金正恩自封元帥，朝鮮軍民大跳忠字舞，令人想起文革風光。金氏王朝祖孫三代吃得肥頭大耳，朝鮮鄉村路有餓殍，這是誰之罪？支持金氏世襲專制政權，是政黨功利取代人道價值的典型例證。歷史遲早會證明，中國之所作所為，害苦了朝鮮人民。

2012-7-22 10:06

悼念死難者！北京暴雨發人深省。如此缺水的北京城也發水災，看來非遷都不可了。——武漢、廣州都行，最好是甘肅寧夏，不是要發展西部麼？臺北也可以，由臺灣人考慮。實在不行，黃岩島或釣魚島也行。——問題是誰管遷都的事兒，政治局？國務院？還是城管辦公室？

2012-7-22 22:00

讓不願做奴隸的人們先起來，才能改變願做奴隸的人們和培養奴隸的人們。

2012-7-30 09:36

倫敦奧運開幕式與北京奧運開幕式之比較：1.講述國家——放大國家；2.面對歷史——掩飾歷史；3.形式娛人——陣式嚇人；4.紳士幽默——強人武功；5.過程平易——符號做作；6.瞧著輕鬆——看得累人；7.讓參與者快樂——讓領導人高興。

2012-7-30 10:43

奧運會主辦城市的開幕式都會宣傳本國文化、歷史、形象、特色、政績等等，倫奧和北奧的區別不在這裏，而在於前者把參與者當人，一個個具體的活生生的人，而後者把參予者視為符號、元素以及"齒輪和螺絲釘"。倫奧的亮點在於能對英國引以自豪的工業革命進行某種反省，這種自我批判是大型集體演出極少見到的。

2012-7-31 16:18

羽毛女雙醜聞說明什麼？政黨化、官僚化的儒家集體主義從外到內不合時宜，髒國際班子，羞國人臉面，害苦了多年奮鬥、四年一度的兩位優秀運動員。──她們要有點當年乒乓球員何智利的勇氣就好了，裁判提醒就該改正了。可見官僚化的體育體制太壞，運動員的心獄壓迫太重。這樣的體育大國究竟有何意義?!

2012-8-3 18:56

當我們看到外國教練穿著龍服和中國運動員擁抱的時候，當我們看中國裔外國籍運動員拿到金牌的時候，才明白什麼是真正的奧林匹克精神。讓金牌＝愛國的國家主義和官僚主義見鬼去罷！體育屬於熱愛運動的運動員和熱愛運動與運動員的普通人。把體育從國家、上級那裏奪回來，還給運動員，還給每一個普通人。

2012-8-4 21:37

不管怎麼說，劉翔奉命上場也好，有意告別也好，他藉以展示、加以宣揚的還是奧林匹克精神。對於一個敢於張揚個性的世界冠軍，我們應該佩服，也應該理解。不要讓"成則為王、敗則為寇"的無價值歷史觀敗壞了我們欣賞體育賽事的心情。劉翔的貢獻永載史冊！

2012-8-8 11:08

凡遇奧運皆談愛國，關鍵是怎麼談。以國蔽人、以國愚人是一種，以國助人、以國娛人又是一種。國皆有弊，遮蓋掩飾是一種，坦然面對又是一種。國皆以歷史為榮以政績為榮，賣弄符號抬舉數量是一種，突現經典注重品質又是一種。北京奧運和倫敦奧運開閉幕式各有優劣，但基本區別還是很明顯的。

2012-8-13 10:54

建議政治局委員去北韓圈地，搞個共產國際經濟開發區，實行軍事化管理。我操，也不用發工資。讓資本主義世界看看，沒有剝削只有壓迫的社會主義在中國餓死了幾千萬人、在朝鮮餓死了數十萬人以後，還能幹成什麼樣子？

2012-8-18 00:54

薄穀開來判刑死緩：從死緩到減刑到保外就醫，多少官員權貴犯法，就是通過這條路重返幸福生活的——這方面的資訊有報導麼？顯然屬於中國秘密的一部分。一個社會秘密越多越專制，而民主總是和公開有關的。

2012-8-20 11:22

全世界為什麼怕中國？因為中共黨章上寫著要實現共產主義。共產主義不是不好，而是不可能。用不可能的東西統一或統治世界，只有一個可能就是建立專制強權。——中國人本來不可怕，中國本來也不可怕，但一旦置於專制強權下並臣服於此，就會變得可怕之極，如當年之日本、德國及日本人，德國人。

2012-8-21 22:15

東方紅，太陽升，中國出了個毛澤東。人民為他謀幸福，呼爾黑喲，人民是他大救星。共產黨，像太陽，照在哪里哪里燙，哪里有了共產黨，呼爾黑喲，哪里人民被解放。

2012-8-22 13:25

薄穀開來案已審，薄手下人為殺人同謀判刑；王立軍案正在審，起訴罪亦有徇私枉法。此二人皆薄之親信與幹將，殺人也好、包庇也好，居然與薄某無關？薄有什麼權力可以超越法律，難道就因他是政治局"同志"？盡人皆知的事，可以公然欺騙百姓，鉗制輿論，這是個什麼國家？什麼體制？

2012-9-10 13:10

日本右派政府在釣魚島問題上肆無忌憚有兩個原因：一是中國放棄戰爭賠款，減輕了日本的戰爭罪責；二是中日貿易，官員從中謀利，中國不可能抵制日貨。

2012-9-15 21:15

在西安、青島等地燒日本車的人既是暴民又是愚民。首先被燒的車是中國公民的私人財產，花錢買的，而且錢已經被日本人賺去了，說不定買釣魚島的錢就有一份，你燒中國人自己的車算什麼愛國?!政府什麼時候同意過公民真正享受結社、出版、遊行的自由？這背後是誰在組織、支

重慶大學城入口處，因為薄熙來之所好，銀杏樹葉比蒲扇還大——這也名為環境藝術。在中國一片樹葉尚如此政治化，你還說你是純藝術及其"家"，豈不可笑？在今天的中國，藝術或挑戰政治文化，或構成文化政治，不然你還能幹什麼？從賣藝到賣身，連最重要的器官——心都賣掉了。還是回頭想想，中國當代藝術是怎麼開始的吧。

使？是權爭所致還是轉移民憤？這些都值得追究。"愛國"二字，多少罪惡假汝以行！

2012-9-16 15:18

堅決要求為文革死難者樹立紀念碑，堅決要求為反右鬥爭被打成右派的人樹立紀念碑，文革不能就這樣被遺忘，反右不能就這樣被遺忘──歷史是不能忘記的！

2012-8-4 07:33

島嶼之爭都是國際海洋法公約專屬經濟區惹的事兒，應該反省一下相關規定。比如遠離陸地，多少年無人居住的島礁應不應作為劃分專屬經濟區的根據。試想一下，如果釣魚島周圍不算專屬經濟區，中日政客還會用它來操作政治嗎？世界上有些事兒真是，天下本無事，庸人自擾之──政治家往往是最大最無聊的庸人。

2012-9-27 09:07

日本首相想繼續，中共中央將換屆，美國總統要連任，於是釣魚島成為焦點：發飆、折騰，弄他個朝野轟動。結果是中國老百姓車被砸、店被燒、人頭被敲個大洞──結果是政客在各自國家都很正確，政治加分，政權鞏固。錯只錯在買車和砸車的人！瞧瞧這世道！

2012-10-4 08:44

對別人幸災樂禍者，人品低下；對別國幸災樂禍者，國格低劣。如果想老天爺把全世界都滅了只剩中國人，那中國人可能就是老天爺首先要滅的人了。——在今天沒有人類意識、全球意識的國民不是愛國主義，而是滅國主義！

2012-10-5 14:41

讀讀毛澤東1910年寫的〈詠蛙〉詩，就知道這體制是怎麼回事兒了。詩曰：獨坐池塘如虎踞，綠楊樹下養精神。春來我不先開口，哪個蟲兒敢作聲?!

2012-10-18 07:58

文革有人支持，這不奇怪。德國納粹不也有人支持嗎？把文革說成是毛澤東因為另外四個人所犯的一個錯誤，這本身就是對歷史的遮蔽與歪曲。歷史一旦被歪曲、被遮蔽，就只能存在於想像之中。想像一下文革，青年人可以上街貼大字報、可以坐火車全國串連吃住不要錢，可以剪女人的捲髮和裙子，這有多好！

2012-10-18 11:26

文革時中國多牛啊，口號是：打倒美帝國主義及其走狗！打倒蘇修社會帝國主義及其走狗！在國際上誰都不虛。只要不說知識份子怎樣被關押被迫害被羞辱，紅衛兵造反派怎樣被利用而相互殘殺，老百姓怎樣缺吃少穿忍饑挨餓；只要說革命可以共產，殺富為了濟貧，我可保證在中國的任何民調，支援文革者都會過半。

2012-10-18 11:39

教育問題僅僅是高校的問題嗎？是教育部的問題，是教育體制、國家體制的問題。這是教育政黨化、官僚化的必然結果。你去問高校校長，誰

願意這樣？都不願意，但全都這樣。大學必須自治，中國教育的出路在
於去政黨化、去官僚化、去行政化，把教育還給民間，還給公民社會。

2012-10-22 11:54

做人心態的健康，決不在窮則思變，要幹，要革命；而在窮則思進，要
努力，要奮鬥，並且虛心向富人學習，學習他們致富的人生經驗與教
訓。社會不可能沒有貧富差別，但濟貧之法決非殺富劫富，讓富人一樣
變成窮人。而是社會調劑與道德佈施相結合，讓貧富落差不致過大而造
成社會分裂。這才是真正的社會主義。

2012-10-23 11:48

北京是很寬容的，李自成進城，日本人進城，抵抗過嗎？五四運動是學
生幹的，跟北京市民沒甚關係。就前些年支持過學生一次，就被說成暴
亂。還是不抵抗好，古城不致毀於戰火。現在古城沒了，開始要抵制
異地學生了。何必呢？遷都罷，遷到武漢、南京、廣州、臺北、釣魚島
都行。

2012-10-26 08:30

我們需要公民的教育、自治的教育。沒有教育自治就沒有公民教育，不
談公民教育何須教育自治？奴化教育、洗腦教育、黨訓教育固然可以培
養臣民，但也同時在培養暴民。一旦朝廷黨爭加劇，裏應外合，臣民即
是暴民。此狀爆發，中國將淪入革命與專制之輪回而難以自拔，還談什
麼崛起與復興？

2012-10-31 10:05

重慶歌劇院外牆,當時的規劃局副局長梁曉琦就貪污了6百多萬,你說這些公共建築還怎麼能搞好? 劇院像巨大的裝甲車,造型且不說,色彩太難看,綠得髒兮兮,質材感低檔得像塑膠板。且工藝落後,幾個點粘貼面板,總讓人擔心會掉下來。偌大重慶,就沒個好的建築師?就沒個能判別建築好壞的當權者?

2012-11-3 06:58

薩維爾事件暴露了明星文化的黑暗面,營造明星的江湖成了明星罪惡的保護傘。問題不在於BBC揭露性的真實報導有什麼錯,而在於BBC擔負社會監督責任時,它本身應由誰來監督?公信力不能僅僅靠道德持守。
——對此事件,中國媒體並沒有幸災樂禍的資格,因為中國媒體連報導真實的權力都沒有。

2012-11-3 07:48

毛黨墮落到談論天命,已自認在世間徹底喪失合法性。毛必在棺材大罵:明知真命天子這話,自辛亥革命後就不能說,這點秘密都守不住,真腦殘!騙人的東西怎用來騙自己?把民主調過來主民,把共和調過來和共,把共產主義調過來主義共產,把天下一家調過來一家天下,不就行了嗎?也太傻B了吧!

2012-11-5 09:26

官員權利在手,比老百姓"還需要公平?!誰不知在中國政權即是資本,即是好處,即是享受,即是保護,即是秘密?中國官員最需要的是公開和監督——公報個人及家庭財產,公佈家人及親屬國籍,公示政績及執

續問題等等。沒有老百姓通過媒體和法規的公開監督，官僚階級貪污腐
敗就不可避免。

2012-11-8 12:36

中國官員真是太弱勢了：一是在上級面前必須裝孫子，二是在宣誓時刻
必須扮公僕。他們"也是人嘛"，一切人要的東西他們都想要，當然是要
得越多越好，而現在中國官員的滿足程度是遠遠不夠的嘞！

2012-11-8 12:46

央視殲十戰鬥機實戰對抗使用好萊塢電影鏡頭說明：中央台宣傳行騙已
到了"壯志淩雲"的地步；美國好萊塢假飛機打仗比中國戰鬥機強；加強
國防建設主要是以外對內。

2012-11-10 08:01

毛澤東真是偉大，他的語錄我只改了一個字兒，就明白了很多道理：革
命不是請客吃飯，不是做文章，不是繪畫繡花；革命是暴利，是一個階
級推翻另一個階級的暴利的行動。──說得多好呀！所以，我們決不能
改旗易幟，一定要高舉毛澤東思想的紅旗奮勇前進！

2012-11-10 09:40

"西方普世派滾出中國"這口號、這抓式很象當年慈禧支持的義和團運
動。只不過當年趕的是外國人，現在趕的是中國人。掛標語者裝著不知
道，那些反對普世價值的人早就讓老婆孩子揣著鉅款移"滾"出了中國，

2013年12月8日，人在大連機場：今日大連全市七個國控點金屬重度污染；所乘SC4838次航班連續兩次晚點；機場一碗麵條59元人民幣；對面乘客讀書名為《男人不狠地位不穩》。——這樣的中國，誰最狠？誰的地位最穩？

查完現有腐敗分子，還有正在滋生、不斷滋生的呢？現在每天查一個，要查兩萬多年，毛導早就說過一萬年太久，真是的。看來已不用這麼麻煩了，黨內掌權者都懂得各取所需，共產+主義不是早就實現了麼？

2012-12-2 08:27

二十一世紀對人類威脅最大的是中國貪污犯。他們不僅有權有勢，還利用民族主義；不僅在中國想幹啥就幹啥，還移民海外有選總統的權利。這種共產恐布主義，或許不會用人肉炸彈炸人，但定會用人心毒藥毒人。當人類被欺騙毒害之時，也就是全球赤化之日。

2012-12-2 09:00

北京同時是集權中心、軍警中心、官商中心、貪腐中心、送禮中心、假打中心、做秀中心、流言中心、勾兌中心、污染中心、堵車中心、雷人中心──當然，也是涮羊肉中心和烤鴨子中心，還有欲望中心，盲流中心，監控中心，沙塵暴中心，豪華車中心 ，奢侈品中心，既得利益中心等等等等。

2012-12-3 08:24

當年四川省委書記李井泉反綁掛牌遊街，一字不識的外婆看不下去，對我說：這麼大年紀了，頭髮都蔥根白了喲……。中國社會需要揭露和追訴歷史罪惡，但不需要復仇運動，煽動仇恨的革命，已把中國害得太苦。公民理性需要以法律對待罪惡，而非以罪惡報復罪惡，甚至將一人之罪株連九族。

2012-12-6 06:45

反貪腐永遠都對——永遠都對的東西定有問題：1.以個人錯誤掩蓋制度問題；2.貪腐不斷，反貪腐政績也就不斷，於是產生貪腐的制度有了合法性；3.讓百姓相信反貪腐明主清官，永遠出讓選擇政權及領導人的民權；4.既得利益集團輪番上崗，個別淘汰，但整體的永久的佔有不會改變。

2012-12-9 06:11

中央台最大錯誤就是不真實、偽真實、被真實：報喜不報憂，報政績不報苦難，暴露小事情掩蓋大問題，揭發小官兒保護大官兒，只播有利新聞封鎖不利新聞，整個兒—洗腦機器！對此從來不檢討不道欠。自戈培爾之後，只有前蘇聯、北朝鮮媒體可比！

2012-12-9 06:34

官員財產公開還要試點，這是為何？是怕一下公開，讓老百姓知道真像？還是要拖延時間，讓貪官做好手腳？財產是既有的，要申報就申報，要公開就公開，有什麼點可試?!

2012-12-9 08:43

毛時代的好處：老百姓當愚民，什麼不知道，只知道資本主義國家人民生活在水深火熱之中，毛是大救星；地富反壞右加白專讀書人反動學術權威是階級敵人，打翻在地再踏上一隻腳永世不得翻身；61、2年餓死幾千萬人，沒人敢說一個字；輸出革命，支持紅色高棉殺了柬埔寨近四分之一的人。

2012-12-11 08:24

從臺灣富信酒店早餐廳看出去，是軍隊三總醫院門診部，對市民開放。聽說這家醫院的院長都是泌尿科專家，原因是軍方退休高官年齡大，容易犯這方面的毛病。原來薪金90萬台幣，因為議員反對，現已改為30萬。──在臺灣這些事兒都媒體上爆光，少有可以被隱蔽或能隱蔽的東西。

2012-12-14 09:27

末日流言並非毫無意義，也不能完全以愚昧視之。推測未來的各種說辭，既來自動物的預期能力，也來自人對未知世界的恐懼。這是超驗體會與神秘主義的基礎，不可隨便排斥。世界上那些貧窮的人、受辱的人、無望的人，相信他們會和掠奪者、壓迫者、權勢者同歸於盡，這種幸災樂禍的復仇快感不是全無道理的。

2012-12-16 08:26

在中國金錢可以進行任何交易：錢情交易：有錢就親熱，說到拿錢就不親熱；錢權交易：當官的不僅要錢，還要你善於不露痕跡的給錢；錢色交易：這不用說，明星上床，有代理有禮儀；錢錢交易：有錢投資，更好貸款，用貸還貸，越多越安全；錢藝交易：以藝術之名，為市場畫畫，美其名曰爭取合法性。

2012-12-17 08:53

讓天朝開心，做驢；讓國家開心，做牛；讓政黨開心，做狗；讓官僚開心，做豬；讓男權開心，做雞；讓女權開心，做鴨；想要讓自己開心，就只有做豺狼虎豹了──在中國，做什麼都有道理，就是沒法做人。

2012-12-23 20:36

潮州開元寺非常不錯，建築佈局精緻，唐風依然。入內陽光忽來， 頌經聲起。尤其是庭中兩棵菩提樹，枝繁葉茂，高大壯碩，於世少見。聞言前世方丈病重，樹葉全枯，待方丈圓寂時一夜盡落。樹尚有情如此，人何以堪？

什麼叫正能量？如果就是說好話，歌功頌德，掩飾社會苦難和罪惡，哪就乾脆如北朝鮮封鎖網路，還談什麼改革開放！宇宙尚且有暗物質的巨大作用，社會怎能排斥負能量？更何況正與負，誰說了算？兩者的轉換正是社會前進的動力，連這點辯證法也不懂，還發什麼胡說八道的社論?!

2012-12-26 08:31

腐敗已成為維護國家現行體制的工具，成為保護政黨既得利益的工具。

2013-1-2 09:32

天朝現在最喜歡的就兩件事兒：洗錢和管人。土地國有，政府賣地，錢在官僚手裏，可以任意支配，不貪才怪哩。而且私人房產幾十年後又歸國有，這是什麼道理？上網寫字發言，老百姓本有憲法規定的言論自由，憑什麼說刪就刪，說閉就閉，誰給了政府這種無法無天的超級權利？

2013-1-2 12:07

中國的確不存在一般的新聞審查制度，而是存在著由宣傳部嚴加看守、嚴加監督、直接指令並且直接撤調人事的新聞管控制度，豈止是審查而已?!——這些海外記者也太小看中國了！

2013-1-5 08:15

生財之道，一是安黃燈，二是多限速。道理很簡單：黃燈當紅燈用，肯定增值；速度限高不限低，肯定罰款者眾。舉個例子：高速限100公里，匝道限40。從高速進入匝道，再減速也在60公里以上。好，超

50%，取消駕照。如要不取消，找人。人要買房買車，你資助點不應該麼？——腐敗是如何發生的，你明白了嗎？

2013-1-5 08:35

民國各時期均有不同的范兒，從魯迅到李敖，郭沫若在民國還有范兒，但到50年代就失範了。讀讀大躍進時的郭詩，就會明白國共之別：郭老不算老，詩多好的少。大家齊努力，學習毛主席。——都這樣了，還能有范兒嗎？

2013-1-6 09:45

中國經濟發展帶來城市化進程，首先要讓農民成為市民而非城市農民。農民成為市民並通過現代教育成為公民而非暴民，才能形成政治民主化的基礎。問題有二：一是朝廷對農民城市化沒有健全的政策措施；二是朝廷把教育現代化變成了教育政黨化。故經濟發展難以催生制度與國民的現代化。

2013-1-8 09:59

公平在盜名，公正在欺世，公開在作假，公理在舞弊。一句話：公然在騙人！

2013-1-10 08:33

在中國罵書生、罵文人、罵知識份子已成慣性，這種普遍現象只能說明國家排斥思想、國民缺失理性。作踐知識份子是專制政治家必幹之事，罵者不過幫兇而已——尤其是在網路爭取言論自由的時候。

2013-1-12 10:20

僅據官方公佈，中國的基尼係數已達0.47以上。社會主義已很難自圓其說。當今中國乃國家資本主義、權利資本主義和官僚家族資本主義三座大山連體的專制資本主義。這才是中國特色！

2013-1-20 07:54

有人民二字在口，中國一帶就是咱們的了！

2013-1-22 10:34

不要讓釣魚島阻礙中國和中國人的現代化進程！

2013-1-23 16:10

馬雲，不要有點成功就胡說八道，中國農民工關心自己還少嗎？他們的日子象你這樣好起來了嗎？在到處充滿苦難的時候，只關心自己是你的事兒，但不要用名人箴言似的口氣來誤導人。現在很多中國官民為了自己已沒有道德底線，說什麼塞話！赫爾岑說的是自我解放，和自私自利只關心自己是兩碼事兒。

2013-1-24 08:21

把春節改了分三次過，立春加過一次，春分加過一次。讓各地百姓公投選擇，不行抽籤也可。這樣春運壓力減小，幸福指數提高。央視搞三個春晚，該上都上，還多賺錢，何樂而不為呢？關鍵是也讓大陸百姓公投公投，練習練習，以後再投點別的什麼。

2013-1-24 09:35

官員不是百姓的奴隸，這話不用說；但百姓不是官員的奴隸，這話卻必須說。——因為你公權在手。官員必須公開財產，因為你有以權謀財之嫌，立法立規皆可。這不是隱私問題而是公信問題。你認為這是隱私你完全可以選擇不當官，既然當了就得受百姓公開監督。

2013-1-26 10:08

國共戰爭後，前政府縣團級及以上全部是罪犯進監獄，鄉里保甲長及地主富農全部成為敵人。在中國，統治即法律，權力即法律，意志即法律。土改工作組三人簽字，即可將人拖去村頭槍斃。

2013-1-26 19:43

讓朝鮮這樣的專制國家威脅中國，是誰的主意?!日韓皆無核彈，我們不與之合作遏朝，以實現半島無核化，反而暗中支持禍國殃民的封建世朝，憑的是什麼樣的價值觀?!中國怎麼成了金朝的同盟，要把抗金大英雄岳飛氣死在陰間不成？

2013-1-26 08:27

這傢伙說得太好：官員是黨派的，黨是共產的，再怎麼貪污都是黨內的事兒。只有貪多貪少、分多分少的問題，當然只向組織申報。老百姓想要監督，你就是民粹主義，屬剷除之列。既如此，那老百姓就可以不繳稅。黨只管黨費不沾稅錢，你申不申報關我球事！但要用百姓的血汗錢，對不起，老老實實說個明白！

2013-1-28 09:37

反腐敗從娃娃抓起，主要是清查審計幼稚園。把全國幼稚園搞伸抖了，共產主義也差不多實現了。這樣，官員腐敗還用反嗎？他們無非是先進入共產主義或先富起來的那些人。──唯一的問題：反腐敗從娃娃抓起，那政治局裏為什麼沒有幼稚園的小朋友呢？

2013-1-28 22:26

人民代表是怎麼產生的？都是一級級黨委指派、走選舉過場弄出來的。沒有公開競選就沒有人民，沒有施政綱領就沒有代表。既非民代，亦非人表，不過是開會的僕從和投票的機器。打打瞌睡是最好的，拉關係者次之，搖頭擺尾裝腔作勢還自以為代表人民是最不識相的。

2013-1-29 08:40

凡涉軍隊的癱敗與罪惡，媒體不能管不准說，這是誰的規定？有法可依嗎？

2013-1-29 09:13

重慶是個很奇特的地方，總是突然出現在歷史節點上：釣魚城抗元讓蒙哥斃命，止住蒙軍橫掃歐洲；抗日戰爭作為陪都，頂住了日軍狂轟濫炸；文革時這裏坦克軍艦一起上，至今留著死難紅衛兵公墓；現在又是薄熙來之流一連串罪惡腐敗事件，將現行體制弊端揭露無遺。──重慶啊重慶，我從小長大的城市！

2013-1-30 08:31

現在再不能打倒美帝國主義了，那裏是我黨官員及其子女的祖國——奧巴馬正在為非法移民發護照，這是誰去勾兌的？真厲害！

2013-1-30 09:26

後革命就是為了革命的目的但不採取革命手段的革命。

2013-1-31 22:29

真實絕非生活之表像，而是被遮蔽在表像之下的歷史存在。真實對於表像總是被揭示、被發掘出來的。還人民以歷史知情權，這是中國人重返真誠的開始。

2013-2-7 08:13

把官員變成人質，為的是讓他們聽話——他們無須對國家負責，只需對上級負責。

2013-2-7 11:34

新聞無法還原真實，絕非新聞可以不追求真實性的理由，新聞的價值只在於最大程度接近真實、揭示真實。

2013-2-7 23:04

爆竹這玩藝兒不放也罷，不好的風俗習慣也應當改改，污染環境的事兒還是少做為好。建議所有電視臺于除夕交關之際前後放十分鐘鞭炮音像，全國家庭都開到最大聲。讓全世界聽聽，中國人民為了保護生態環境是怎樣忍受噪音的！

2013-2-7 08:02

相信謊言終有一天會成為謊言，而撒謊者終有一天會被歷史拋棄。

2013-2-8 08:47

莊則棟之死讓人感慨：當年一著名帥哥。傳聞與皇后有染，不知確否？若實有其事，可是犯上之罪。運動員不宜從政，正如農民陳永貴始終當不好國務院副總理。政治是一門學問，需有政治學、法學、社會學、經濟學等等知識，不是工農兵學商誰都可以幹的。專制主義多聽話的臣少專業之官，中國大陸是也。

2013-2-11 10:35

一定要反腐，特別是要反給老百姓看。——可否公佈一下每屆十幾大期間，黨幹總貪污量和每個貪污犯的平均貪污量，看看我黨貪污是否與時俱進且與時俱增。

2013-2-11 21:12

從文革所說的"毛澤東思想大學校"到毛左所辦的"毛澤東思想小學校"，氣度是越來越小，這是因為大人都知道那玩藝兒害人，再要糊弄人很難。但小孩不知道，從他們抓起說不定有效，可見其用心是越來越惡。毛左所向不是思想，而是政權。他們上臺就是極權恐布主義，薄熙來重慶之為只是小KS而已。

2013-2-12 08:49

朝鮮靠近中國搞原子彈，安全。反正中國也不怕污染，美韓如要干涉，也好讓中國抗美援朝，方便。——金胖王朝這算盤打得太好了！多試驗幾顆，讓中國領導人看看，姑息養奸有什麼好處?!

2013-2-12 16:57

現代專制總是與欺騙同行。因為專制政權必須建立在集體信奉的基礎上，而現代人類的個體性則與之格格不入，於是只能靠欺騙維護與維持。毛主義如此，金主體如此，原教旨主義也是如此。

2013-2-14 09:24

國家資本主義＋權力資本主義＋家族資本主義＝封建社會主義

2013-2-21 10:41

國土屬於人民，但現在全歸政府。中國人買了房卻沒有地，只有使用權沒有所有權，幾十年後又全歸政府。你還要收百分之二十售房稅，也就是說一個人老了，沒依靠了，要抵房養老，政府還要敲骨吸髓。越南、老撾這些共黨國家，老百姓的宅基地也是永遠私有。——中國老百姓真是太好欺負了！

2013-3-3 07:28

控制貧富差距，和讓利給老百姓，並非絕然對立。比如只有一套房或兩套房的人，是否可以不納房產稅和售房稅並永有宅基地。徵稅分貧富正是調節貧富差距過大的手段之一。均貧富口號的背後乃是權貴、政客、紅二代、官二代對國家資源和財富的侵吞，他們才不在乎交那點稅哩。

2013-3-3 07:59

當官的還不如直截了當笑著說：我們賺夠了，你能怎麼樣？自己沒出息，不就是因為你們擁護我們嗎？

2013-3-3 08:07

海洋安全與合作研究院院長最近在環球日報發表文章，以"美國已掀起網路侵華戰爭"為由，要中國政府"像重視領土領海主權一樣，重視網路空間的思想文化主權"，"在思想文化領域奪回網路輿論的主導權"。——這意味著什麼？以戰爭為名實行網路軍事專政，把不同意見者視為國家的敵人。

2013-3-3 08:19

國務院規定過官員接待四菜一湯，其規定至今未廢，做到了麼？因為這規定，景德鎮還燒制過一碟四格的大盤子，把四菜變成十六菜。這盤子還沒流行哩，規定早已是一張廢紙。問題在哪里？在自己監督自己，說得好聽是權宜之計，說得不好聽是哄哄百姓而已。明白不？李總理。

2013-3-22 08:37

對毛時之罪我們只做了一件事：平反，且未徹底。此外還有三件事沒做：公開真相，國家賠償，實現和解。還歷史以真相是和解的前提，還個人以尊嚴是國家的責任。歷史是不能忘記的。看看南非，看看曼德拉，我們的領導人應感到羞愧。

2013-4-6 16:52

重慶歌劇院外牆，當時的規劃局副局長梁曉琦就貪污了6百多萬，你說這些公共建築還怎麼能搞好？劇院像巨大的裝甲車，造型且不說，色彩太難看，綠得髒兮兮，質材感低檔得像塑膠板。且工藝落後，幾個點粘貼面板，總讓人擔心會掉下來。偌大重慶，就沒個好的建築師？就沒個能判別建築好壞的當權者？

四川美院老校區所在黃桷坪，常能看到坦克或裝甲車。這兒附近有兵工廠，火電站，火車貨場，集裝箱碼頭和各種轉運倉庫。除了美院，還有電技校，鐵路中學。更不用說各種職業，各色人等，此乃小攤販的樂土，老闆娘的天堂，棒棒軍的宜居之地——只可惜美院已不知其乃藝術發生之地也！

中國的歷史檔案什麼時候解密？人大為什麼不立法解密？——信不過人民的政權，人民又怎麼會相信你？

2013-4-13 08:11

法國總統奧朗德採取措施讓政治符合道德規範，內閣成員全部公佈房產、收入、帳戶、存款、公司股份等。中國政府什麼時候對百姓有個交待？你總不能說，不公佈官員財產是要保持中國特色、是要堅持走符合國情的道路吧？還有，中國政治有什麼道德規範？說說，讓老百姓明白。

2013-4-16 10:35

凡政黨皆有理想，然理想一架空，就會遮蔽真實，讓虛偽流行。中國現在無處不假，就是這麼來的。所以，有點良知的政黨要做的事，就是拋棄空想、幻想、夢想等等騙人的東西，重返真誠，敢於揭露歷史真相，敢於直面社會真實。沒有真相和真實，就永遠沒有真理，政黨如此，個人如此，社會也是如此。

2013-4-30 11:18

對毛左是應該同情他們，被人洗腦洗成這樣，真可憐也真可恨——但更可恨的是洗腦者而不是被洗者。每每我去重慶沙坪公園的紅衛兵公墓，總是悲從中來，都是年輕人，有的紅小兵才12歲。這段歷史中國人絕不能重複，絕不能忘記。

2013-5-8 10:42

毛澤東最看重的是美國，"打倒美帝及其走狗"是喊起來引人注意。因為他打江山，一靠日本人打國民黨軍隊，二靠美國人不滿國民黨政權。現在毛左反美，完全沒搞明白毛澤東思想何為。

2013-5-8 10:45

培養臣民的教育不會永遠成功，因為臣民一旦有機會就會變成暴民，成為改朝換代的工具。這是實行愚民政策的君主、政黨、朝廷必然要遭遇的命運。只有培養公民的教育才有可能成功，因為現代社會的當權者只有立足于公民社會，才能長治久安，哪怕是領袖更替，政府輪換。

2013-5-11 08:48

改變封建土地所有制生產關係並不錯，關鍵是怎麼改變，為何改變。大陸土改一是殺戮；二是剝奪，而臺灣土改是花錢贖買。鎮壓地富劃分中農及貫徹階級路線的目的，是為了"一切權利歸蘇維埃"，由此民間文化權利悉數喪失，中國農村失去了自發自主的文化根基。

2013-5-19 04:42

世界上有兩種黨：一種是要努力向選民證明自己清白正派，有價值觀，能給國民帶來好處才能上臺的黨，一種是無須選民選舉也無須證明自己，不管幹好幹壞都要坐在臺上而且要永遠坐在臺上的黨。世界上有兩種政府，一種是國家的政府，另一種是某黨的政府。世界上有兩種截然不同的真理：一種是探求真理的真理，一種是具有中國特色非要人甚或不是人都要相信不可的真理。

2013-6-13 3:00

沒有鄧小平就沒有中國？——什麼時候偉大領袖才不那麼重要，什麼時候中國才能讓一個平庸領導人上臺而國家還不至於太差？什麼時候中國人才能不把希望寄託在一個人身上？——而這個人可能生病、可能致癌、可能短命，而且有可能喜歡萊溫斯基或抄襲過別人的論文。什麼時候中國領導人不是聖人也不用裝凡人？

2013-6-14 03:15

誰說中國沒人權？官方不僅談生存權、發展權，還談生態人權，只是不談公民自由權。然何謂人權之根本？乃是人與人的關係，乃是人與國家、與政府、與權力的關係。所以不談個體作為公民的自由權利，就沒有人權可言。生存、發展、生態是動物作為物種應有的權利，當然人也是動物——但中國人只是動物嗎？

2013-6-14 18:16

圍攻考場，毆打監考老師，這事兒讓《焦點訪談》說成是家長過望，考生無德，真是欲蓋彌彰！中國應試教育的報應，就是考試作弊。政黨訓化教育體系不靠考試還能靠什麼。你騙他，他不會騙你？授人以假，還要人以假當真——這就是中國教育的現狀。身為教師，有心改變，無力回天，羞恥，羞恥，真羞恥呵！

2013-6-15 21:52

為奪權可以禍國，為掌權可以殃民——這就是毛黨之基本原則。

2013-6-30 15:07

毛與秦始皇不可同日而語，始皇之專制乃歷史所需，毛之專制則為時代之逆。這不是善惡之辯，而是進退之辨。

2013-7-2 20:01

1949年以後，所有國民政府及軍隊縣團級及以上人員皆為"歷史反革命"入獄，判無期或死刑，以下人員或在各地處決或定為反壞分子，如地方保甲長、保安團人員及員警等，屬歷次政治運動之專政物件，批鬥物件。

2013-7-8 08:29

1979年後中國法律的進步是取消思想犯。現在說要有"思維底線"，指的是什麼？誰來劃定底線？誰有權來規定人的思維？這權力從何而來？如果越過被劃定的底線，是算犯法還是違規？是要抓捕、雙規還是要被迫"喝茶"？——這些東西必須說個明白。

2013-7-8 10:03

文革時秘密火化劉少奇，職業填寫：無業。稱國家主席為"無業"，這個地方還有什麼事情不可說謊！德國"透明國際"調查行賄貪污，全世界一百多個國家有名，唯獨中國無，因為我們拒絕任何他國進行的民意與國情調查。在一個充滿謊言的國度裏，連被謊言傷害的人也會放棄真誠，因為謊言等於好處和利益，因為新的謊言傷害的已是他人而不是自己！

2013-7-14 21:12

在散步也被禁止的國家，還有什麼人權可言?!

2013-7-20 11:22

立法保護百姓散步抗議權力，立法制止官方暴力維穩行為，邁出實施憲法公民權的第一步──這是當局的一小步，卻是中國的一大步。

2013-7-20 11:29

臺灣經軍政、訓政達于憲政：軍政集權，旨在統一國家；訓政重教，旨在培育公民；憲政立人，旨在尊崇民權。而大陸既無公民教育，更無人權保障。只有經濟豪奪，政治欺壓，行政腐敗，官僚貪污，軍隊駕凌，教育依附，人心拜金趨惡，道德敗壞無度。若經濟發展變緩，一切問題爆發無疑。如此格局，怎一個夢字了得！

2013-7-24 16:55

曾何幾時，我們高談社會主義公平正義，可中國早已成為貧富差距最大的國家；曾何幾時，我們申言決不走西方先發展後治理的老路，可中國城市現已成為空氣污染最嚴重的地區；曾何幾時，我們大講立黨為公執政為民，可中國現在已成為貪污犯數量最多貪污金額數目最大的國家。我們還有什麼可以高談闊論的東西？

2013-8-2 22:13

還是這樣比較好：在黨叫黨員，不在黨叫非黨員，退黨脫黨叫不黨員，開除出黨叫黨不員──全國13億人稱謂全與黨員有關，正好成全原教旨共產主義。

2013-8-7 09:16

照中國這樣搞下去，世界只有兩種結果：一種是中國把世界毀了；一種是中國把自己毀了——相對而言，後一種結果還算好點。

2013-8-7 10:17

人民共和國實行無產階級專政，有沒有搞錯?!現有政權及官僚體系是無產階級嗎？包括土地在內的一切國家資源全在他們手裏，他們還是無產階級？以無產階級名義成為資產階級而且是官僚資產階級，就是這個政權的實質。

2103-8-7 17:35

專制國家政治舞臺就象孤注一擲的賭場。一個好賭而從不認輸的四川人賭過好幾把：一把是反右鬥爭，現在看是錯了但堅決只認皮毛，反正有老毛頂著；二把是文革後期複出，想弄點經濟，小贏但被老毛打下去了；三是支援胡趙萬改革開放，大贏國際聲譽；四是89事件，大輸不認；五是南巡講話，算贏。其是非功罪如何評曰？

2013-8-15 08:43

李天一之案夢鴿所為，問題在被強姦者也是母親所生，她的母親有此能耐嗎？作為公眾人物，不首先因教子不嚴向社會道歉，卻以其社會影響為其子開脫罪責——夢鴿所有的豈止是本能而已？本能加權勢正是其子囂張犯罪的根本原因，從夢鴿之行為看，母子乃一丘之貉也！

2013-8-20 12:16

不錯，人有私有惡，法律方有必要，但此說並非個人可以秉私惡而行的理由。人類進步乃向善抑惡、兼私布公。公眾人物理當於此有所推動，但李雙江夫妻有任何表現嗎？沒有。私與惡並不可怕，可怕的是與權勢結合，利用中國司法無法無天的人事關係，以達到顛倒是非、混淆黑白的目的──此即夢鴿之所為也。

2013-8-20 16:04

薄案正開庭，該審的不審：唱紅濫用公權，毒害百姓；打黑刑訊逼供，謀財害命。

2013-8-24 10:21

央視有意把網上謠言和異見人士聯繫起來，不是為了禁謠而是為了禁言。

2013-8-24 14:07

如果薄某上臺，中國會發生什麼？1.下任名叫薄瓜；2.百姓天天唱歌；3.後宮兇殺淫亂；4.下級官員如狗，民間資本如豬，世間人豬狗不如。

2013-8-27 02:50

清華園已墮落為王朝參謀本部。

2013-8-31 13:05

孔慶東首先需要做的是在網上公開和薄某的關係，從免別人生謠。同樣的道理，政治局和國務院也要公開權力分配和再分配的內幕，以免老百姓傳謠信謠。──沒有民主化就沒有公開化，沒有公開化和言論自由的法律保障，就只有謊言社會、流言社會和謠言社會。

2013-9-5 14:21

三峽庫區萬州市西山碑乃當年大
文人黃庭堅遺跡，屬市級文物
單位。在一片商業氛圍中早已不
成樣子，旁邊的流水曲暢全是汙
物。想當年文治清雅，看而今利
營紛爭，四看中國哪里還有文化
可言？此處告示說周日、二、
三、五可開館參觀，但住在旁
邊的親威說，從來沒開過門。也
罷，庭堅兄有知，氣死了也！

中國必須追查的最大謠言：1.國民黨政府不抗日；2.水稻畝產3萬斤；3.毛主席萬歲⋯⋯

2013-9-9 10:28

中國所有當政者必須接受的教訓：該改時不改，不是可有可無可左可右的問題，而是歷史罪過。機不可失，時不我待。政治家一要有目標二要能把握時機。政治之道的光明就是不受利益集團的捆綁與挾持。

2013-9-11 00:40

忽悠百姓，老早開始。謬種流傳，於今為甚。

2013-9-11 13:53

人家老撾農民不種中國水稻，問的是：畝產八百斤已經夠了，為什麼要產那麼多？──人家知道你輸出高產稻種，是為了賣化肥。全世界沒中國這個樣子發展的，為了發展不顧一切，為了獲利不顧一切。老撾屬世界窮國之列，東西全靠進口，但關稅極低，百姓生活容易而政府卻很窮。都是共黨掌權，中國正好相反。

2013-9-13 13:21

人在家中發微博，就可以擾亂公共場所秩序，有司如今相信發能功？公共場所與公共平臺尚不能辨，有權執法否？荒唐之極，可笑之極矣！

2013-9-13 13:50

異見公知要有該坐牢就坐牢的準備，恐懼臣服之人有辱其稱。在今日中國，公知稱號比諾貝爾獎價值更高。

2013-9-14 14:26

所有媒體都在官方手中，自由人士只有受到監控的網上自媒體，怎麼可能製造輿論？現在所有制造的輿論都在向自由人士亮劍。中國人在憲法範圍內的有限自由，不僅未真正實施，而且為之所作的努力正在被圍剿中。

2013-9-14 14:45

殺雞取卵，錯！殺雞嚇猴，更錯！中國政改已到"一唱雄雞天下白"的時候，亮劍殺雞必鑄成當局大錯。

2013-9-14 19:16

今天中國已到了必須對民主憲改表態的時候。你靠什麼推翻當時國民黨政府，不就是反專制統治、追求民主憲政麼？現在臺灣的國民黨也改變了，你還不實行民主憲政，革命的合法性、合理性何在？國民黨政府四大家族資本主義不行，換個黨多幾個家族的資本主義就行了麼？我不相信。

2013-9-15 03:18

變黨內整風反腐為黨外階級鬥爭，最終結果都是保護黑惡勢力。風整不了，腐反不了，反而變本加厲。反右到文革乃是一脈相承。歷史教訓正在，當局想幹什麼？

2013-9-15 11:55

因為不懂或裝作不懂才好蒙人。西方馬克思主義早有解答，這裏假裝充耳不聞。馬主義經列寧、史達林、毛澤東等人異化為奪權術和統治術之後，不再具有任何學術性、科學性和先進性。馬主義成為獨制者及其既得利益集團的維權理論，乃是二十世紀最大的思想悲劇。延續至今，貽害中國。

2013-9-16 09:37

大同思想與共產主義都是烏托邦，經過二十世紀血與火的教訓，這個世界終於明白：烏托邦在現實歷史中只能變成欺騙。被騙者因美麗夢想向行騙者交出了自己的所有權利，而行騙者毫無顧忌地奪取了不屬於自己的最大利益。

2013-9-16 11:04

中國早已返回馬克思所批判的早期資本主義即惡的資本主義，所謂社會主義不過是假其名而已。假其名有一個好處，就是可以用國家名義保護家族壟斷資本。從本土歷史看，現已退至東晉門閥制度。要說其實，當名為社會封建資本主義。

2013-9-16 11:14

夢鴿母子：她知足她兒不知足，不知足者犯罪，她來遮護。作為公眾人物，空談知足乃是欲蓋彌彰。她應該談論的知不知恥，而非知不知足！

2013-9-17 11:05

真正的信仰不是烏托邦，而是神人關係，是人對外在神聖力量的崇拜，以此克服內心對死亡的恐懼和對痛苦的無奈。神讓人真實而從無欺騙，所以宗教信仰的根本不在於天國的美麗，而在於在通向天國的途中，人要怎樣面對神怎樣在神前面對自己。——把信仰說成烏托邦說成欺騙，的確是中國特色，而且是最大的。

2013-9-17 11:49

中國社會最大的悲哀是辛亥革命百年之後，連談論憲政的言論自由至今亦無保障。中國的革命家、政治家有臉面對歷史嗎？

2013-9-20 09:44

把官民之別弄成了資產階級和無產階級，只是誰對誰實行無產階級專政搞不明白了。

2013-9-20 09:59

最大謊言是將明知不可能的東西強人作為理想；其次是在現實中實現不了時就強人做夢；再其次是做夢沒效果，就強人少說話或不說話。——在中國，謊言總是與強權、強迫、強制有關，此為中國特色，不可不察。

2013-9-21 12:18

中國政改必須從開放言禁開始！這是中共反蔣的口號之一、革命的理由之一。這也是憲法規定的公民權之一，是立國合法性之一。禁謠不以開放言禁為前提，要禁的就不是謠，而是以禁謠名義禁言。

2013-9-21 12:39

微博在中國的主要作用是推動民間公民社會的建立，也就是推動憲政。反腐只是附帶成果。不從體制上解決問題，反腐和封建王朝清官－順民的政治理想並無區別。

2013-9-21 18:32

救救孩子！——魯迅在《狂人日記》中喊出這話多少年了？現在這話是越來越具體了：護士騙賣嬰兒——商家生產毒奶粉——有人摔死小孩——幼稚園阿姨虐童——小學大賽紅歌一公安抓捕網言稚童，這國家還能幹些什麼？

2013-9-22 09:40

在中央台播放的薄案審判中，王立軍當庭證言，說他出逃前手下已有十一人失蹤。好傢伙，十一人失蹤?!絕非小事，怎麼不見有下文：這十一人都是誰？是否真的失蹤？為何失蹤？這與薄有何關係？這些人後來下落如何？這些問題屬不屬於審判內容？法庭是否應該追查？請網上法律人士明示。

2013-9-23 22:17

大陸房產制度屬於反人類罪：讓百姓傾一生之力購房，卻只有有限使用權而沒有所有權。你只要有一套房，你就有可能成為國家人質。查你買房的錢，一輩子工資夠嗎？不夠，錢從何而來？交過所得稅麼？——全世界有多少國家的人花錢買房，過些年又收歸國有？全世界有哪個國家的人民因為住房而成為罪人？

2013-10-8 07:57

清華教授提議外來人口想要落戶北京應該考試。好，那已有北京戶口之人是否要先考，不合格者是否要逐出京城？要不然，就是對外來人口的歧視。——此為帝王治下"龍袖驕民"之妄言，居然從教授口出，可見今日中國大學之墮落。

2013-10-16 10:28

老重慶正在消失：地方政府要地賣錢，地產商要夥同官員謀利。一輪官員一輪規劃，政績有了城市沒了。全國一個樣，各地再無特色可言。最可惡是毀滅城市記憶，讓人一片空白。我就不理解：房子可以重建，但為何一定要摧毀街道結構，讓原住民再也找不到舊時痕跡呢？

2013-11-4 22:12

今去重慶書城，一看已變商場。樓層電梯還掛著書籍類別，多年即按此購書。而今全是商鋪茶座，賣的是手機、茶具、珠寶、書畫，美其名曰新華物品。書成配角，雜陳其間。轉了半天，竟無一本可獲。三千多萬人的大城，一個新華書店都保留不了，還高談中華文化復興，羞死人也！

2013-11-4 22:35

奴才不僅想做奴而且想做官，至少想做官奴，這是魯迅沒想的。官奴是什麼東西？向官為奴，面民是官。而藝術界之官奴，還可以明星自炫，故當代奴才，還得加上星奴。星官或官星為奴，奴為官星或星官，此乃當代中國之特色也。

2013-11-7 23:27

豐子愷的畫最近突然走紅，由有司製成噴繪到處張貼，用來宣傳中國夢。這恐怕是豐老先生師從弘一時沒想到的，也是他在文革中關進牛棚時沒想到的。是因為畫得清新畫得平易？還是因為有佛緣有善心？大概都不是。護生畫集數卷，背後是知識份子在大陸的悲慘遭遇，何以如此，難道是夢囈可以回答的嗎？

2013-11-21 17:19

腐敗乃一黨官僚制度所生。制度不改，專權不分，腐敗難除，只是腐敗者不斷輪換而已。

2013-11-23 11:56

問題是葉劍英所說文革之封建法西斯專政是怎樣從信奉共產主義的中國特色社會主義政經制度中產生出來的，把這種專政視為毛的一個錯誤，無疑掩蓋了事情的實質。這種制度本身就有大問題，就很不合理且具欺騙性。這是葉劍英沒做也不可能做到的反省。只要這制度不改，歷史就永遠在期待來者。

2013-12-5 13:10

2013年12月8日，人在大連機場：今日大連全市七個國控點金屬重度污染；所乘SC4838次航班連續兩次晚點；機場一碗麵條59元人民幣；對面乘客讀書名為《男人不狠地位不穩》。——這樣的中國，誰最狠？誰的地位最穩？

2013-12-9 18:14

有黨性沒人性，有忠心沒人心，專制之無恥乃是上下共識。

2013-12-10 19:32

大連捧槌島：大連風光最好的地方，主要用來接待上級領導，故前面是叫迎賓路。平常進去要收錢，領導來了要封路。——江山如此多嬌，引無數官員盡折腰，中國什麼時候能不要"肅靜"、"回避"這些詞兒。

2013-12-10 19:55

民國年間人，從妓女到英雄、從平民到寡君，尚心有殘誠，人有垂范，而今安在哉？專黨出，世道無，人心假，國資蠹，只剩下偉光正自詡和一個無恥至極的中國。

2013-12-14 10:54

耶誕節是中國人最無恥的節日。我們既不管上帝誕生耶穌的苦衷，也不管基督一生的追求，只管吃喝玩樂。沒有信仰也無須思索，甚至連做個十字的儀式都沒有。一個把沉重化為戲謔、把道義化為享樂的民族，是一個怎樣的民族！我們除了成為世界的威脅，還能做些什麼？

2013-12-24 21:23

因一句臺詞——"荷爾蒙不分泌了，人就踏實了"，去看了王朔編劇、馮小剛導演、葛優主演的《私人定制》。大跌眼鏡且後悔不迭，真沒想到這幫人江郎才盡已差到這地步。恐怕已非無自知之明，而是為了賺錢顧不得許多。整個兒套用《甲方乙方》，沒戲湊戲，無笑裝笑。看了的自認倒楣，沒看的千萬別去受騙上當。

2013-12-25 23:24

城市堵車拿私車開刀，限制車號出行，這是誰的主意?!人家買車交進口稅、購置稅、路橋費及各種規費，憑什麼突然使用權就少了多少分之一？這損失誰補？憑什麼花錢買車上路不違交規就要罰款？我買的米你怎麼不說周日不准吃吃了罰款？我操，限號出行必須先行賠償。中國老百姓也太好欺負、太受欺負了！

2013-12-31 09:44

正生活在元旦節中。否定普世價值的人應該想一想：如果今天和昨天、明天有點什麼不同，原因正是西曆紀元的普世性。其實，普世價值已深入人們的日常生活之中，比如坐沙發要比坐太師椅舒服。這和人要有人權自由而不能生活專制壓迫之下，乃是一個道理。──當然，中國之否定普世價值者往往不講道理。

2014-1-1 18:53

今天從杭州回來，也可以說是逃回。杭州近來只要連晴必有霧霾，而且是重度污染。悲摧！"水光瀲灩晴方好"而今安在？霾裏西湖，模糊含混，視線不能及遠，有時連蘇堤也看不見。山色蒙而不空，雨含酸而不奇。只苦了一大幫臺灣人，慕西湖淡妝濃抹美景而來，購房置業，誰知今天西子竟成東施！

2014-1-5 22:25

年關建議：一年來整頓四風，查處貪官，蒼蠅老虎一起打，共沒收多少貪污錢財？節約多少政府開支？應該將這些本來屬於納稅人的錢作為紅包發給全國人民，讓每個中國人看得見摸得著享受享受反腐倡廉的好處。

2014-1-16 08:45

中國的根本問題不是反貪，而是共產革命之既得利益者把持著政治經濟法律教育各個領域並深入體制各個方面。國家在他們口袋裏，無須貪污也無人敢反。他們擁有的權利無從監督也無可監督，既非老虎亦非蒼蠅，而是皇權在上，飛龍在天。

2014-1-18 07:53

不是信念決定真相，而是對於真相的態度決定信念有無價值。真相之真有其客觀性與既定性，其真假之辯並不由信念隨意改變。比如六一、二年中國餓死了多少人就是真相，如果因你信老毛就否定真相，那並非信念決定了真相，而是信念決定了你是一個不顧真相而失去真誠的人，這只能證明你連同你的信仰沒有價值。信念和真相的關係類似主義與問題的關係。主義就是信念，而真相就是問題。問題需要研究，而且要多研究，研究什麼？考證真偽，作出判斷；主義當然必須談，但要少談，為什麼呢？因為主義是否真理必須接受歷史的考驗。而真相的揭示恰恰是歷史考驗的重要見證。史達林主義信念的最終崩潰就是一個很好的證明。在真相與信念的關係之中，知識份子必須追求真相而非循守信念。人皆有信念，知識份子也一樣。但當真相與信念發生矛盾時，真正的知識份子只能立足真相反省信念。這就是遇羅錦、張志新在文革中的作為，他們對於既成信念的懷疑正是因為敢於直面真相。由此可見真相與信念的關係，乃是前者改變後者而非相反。沒有真相就沒有歷史，沒有認罪和懺悔就沒有寬恕與和解。

2014-1-18 09:11 分四次發佈

向曾國藩學習！讓家庭重新成為文化生長、發育、承傳、延長的基層單位。政治統治退出民間！讓中國民間重新成為文化自由、自主、自治的生成之地。中國文化傳統中家庭、家族、宗祠等等所建的宗法制度，是民間宗土信仰、精神訴求和文化生長的基礎。此一基礎為近現代革命運動所破壞所摧毀，此乃中華文化的悲劇。復興中華文化必須從重建民間開始。所謂重建，就是立法保障與規範民間文化自治權利，在尊重個人權利的現代性前提下重建中國民間的宗法制度。立法鼓勵民間在城鄉建立祖廟宗祠、重啟祭祀、重修族譜家譜、重建族規家訓。還民間以個人自由和文化權利，在此前提下恢復中華文化生長的延續性。根砥比夢想更重要！

2014-1-19 09:10 分三次發佈

在今日中國大陸，漢族早已成為最沒文化的"民族"，因為它沒有民間社會只有官僚體制，沒有民間習俗只有功利追逐，沒有民間傳統只有革命歷史，沒有民間教育只有奴化訓導。一個失去民間的民族沒有文化根基，早已不成其為所謂民族。

2014-1-20 09:25

看看全世界發達與正在發達的國家，哪有全面、深入、徹底、完全剝奪民間文化自治權利的政治統治?!中國一盤散沙之時正是近代清政府專制統治的時代。中國現代化強國的希望不僅在經濟發展而且在文化昌盛，後者尤須政治民主與民主政治，其基礎恰恰是民間公民社會的發達。

2014-1-21 07:33

春晚不上，崔健還在。春晚一上，崔健安在？在那種地方唱一無所有一點沒用，白白葬送八十年代的一點精氣神，除非唱一唱沒有國民黨就沒抗戰贏，沒有共產黨就沒有大霧霾。

2014-1-21 12:05

雲南騰沖祭奠國殤墓園。為民國抗日將士之英勇犧牲而
深深震撼，不僅因為騰沖戰役之悲壯慘烈，而且因為天
朝歷史對其豐功偉績遮蔽抹煞。歷史之真實不容改造，
改變與生造歷史者乃為公敵與小人，必為歷史所棄。讀
讀這裏的碑文，就會明白歷史為何、歷史何為。

臺北和貴陽的夜市乃世界之最。我記得上次來臺灣，去
夜宵，一條街餐鋪林立，街中兩排食攤，熱鬧非凡，令
人興奮無比。昨天怎麼也沒找到。今天遇上夜市之王吳
天章，他立即判定此乃寧夏路夜市。一去，果然是。尋
一街頭館坐下，一瓶金門高粱，慢慢喝開去。只可惜飲
酒人太少，不成陣仗。遺憾！

正象冷戰後不少人還保持著冷戰思維一樣，中共在放棄階級鬥爭為綱口號後很多人仍然保持著階級鬥爭思維。其最大特點是敵我兩分，權衡利弊，不是以人為本而是以黨為本，不是以價值為尚而是以政治為尚。順我者朋，逆我者仇。殊不知即有不同階級、即有階級矛盾，也不再是看待社會關係和世界形勢的主要根據。

2014-1-25 15:48

春節後臺灣陸委會主席王郁琦來訪，大陸的要求是全程不能提民主、自由、中華民國。這說明什麼呢？民主、自由就那麼可怕？提都不能提；中國民國就那麼強大？提提就要出事兒。是神經衰弱還是精神崩潰？是精神變成了神經還是神經沒有了精神？

2014-1-28 12:17

把中國文化從共產國際宣導與推動的決裂破壞中重新尋找回來，在尊重個人性的現代人權主義前提下重組、轉換、重新建立。中國文化之重建必須從剔除共產國際的惡劣影響開始。

2014-1-30 12:34

在中國大陸，最無恥之徒就是明明有事卻偏要說沒事的官家乏走狗。

2014-2-1 09:25

中國老百姓都教育孩子不要貪心，但中國大陸卻是全世界貪官最多的地方。為什麼？就是因為中國老百姓只關心孩子不關心政治。哪知道政治不受百姓監督，就只能產生極權，而極權就會生貪官。中國老百姓太好，但他們真的不配有一個可以監督政府與官僚、讓他們孩子能當官又不能貪的民主制度嗎？

2014-2-1 19:23

宗族體系完全可改變為文明開放且關聯政治的民間社會組織。

2014-2-1 19:34

說出真相才能道歉。不反省歷史，道歉就會變成自欺欺人的解脫而不是洗心革面的懺悔。從真相到真實，從真實到真誠，從真誠到真理，中國才有點希望，中國人才有點希望。

2014-2-1 19:45

"愛祖國愛民族不會錯"——納粹時期許多德國人就是這麼說的這麼做的，侵略中國的大多數日本軍人也是這麼說這麼做的。孩子愛母親不會錯，但當母親成為倒賣嬰兒的惡魔時，孩子也應該聽命於她麼？愛無疑是這個世界上最美好的東西，但不要用愛來欺騙人，尤其是對國家和民族的愛，因為公民理性是第一位的。

2014-2-3 11:53

陳佩斯進過春晚拒絕春晚，崔健沒進春晚拒絕春晚，殊途而同歸。他們才是中國演藝界的大腕。學會拒絕，學會抵制，學會不合作，學會批判體制，中國人才有希望享受人權成為公民。

2014-2-4 21:10

中國遲早要建立這四個紀念館：內戰死難者紀念館、大陸歷次運動死難者紀念館、反右鬥爭死難者遭難者紀念館、文革死難者紀念館。——中國人是人，不能白死，更不能蒙冤蒙難死去之後連個祭奠的地方都沒有。

2014-2-5 13:53

陸、台皆未獨，一個國家兩個政權，一個叫中華人民共和國，一個叫中華民國，共同簡稱中國。中華民國曾經統一過中國，中華人民共和國從沒統一過中國。現在可以比比看，誰幹得好誰來統一中國。但誰有權決定誰誰誰來統一中國？不是哪個黨派，而是老百姓——作為公民而非臣民的老百姓。

2014-2-10 11:02

不是灌了水，而是灌了陰溝髒水，故第一陰暗，第二骯髒，孔慶東之流，極權走狗瘋狗而已，早已是狂犬病毒攜帶者和傳播者。

2014-2-12 11:14

非法之事必常見於專制之國，國制不改則法制不成。

2014-2-13 17:55

上訪是不是人民的民主權利？把上訪人員關起來，是人民專政還是專政人民？其法律法理依據何在？為什麼執政者能幹非法、違法、無法無天的事兒？這僅僅是法律問題嗎？

2014-2-14 08:54

中國已是全球二大經濟體，其發展拉動亞洲經濟，然而中國對周邊國家影響力卻在日益下降。一個年幼的夕徒也敢於不斷挑釁中國在東亞的作為。為什麼？世界期待中國執政者發表符合現代角色的宣言，我們卻沒有人像路德金、像曼德拉一樣地站出來。中國的悲哀不是因為有專制政體，而是沒有反省專制的政治精英。

2014-2-20 16:30

中國的社會像一部《聊齋志異》，以魑魅魍魎為主；中國的文人像一部《笑林廣記》以賣傻搞笑為主。

2014-2-24 16:32

中國老百姓現在對於官府壓迫唯一能做的事，就是上訪。上訪上訪，就是到上級官員或上上官員那裏去告狀。封建時代尚且可以攔轎遞狀，今日政府反倒明令禁止越級上訪，是何道理？上訪不能越級，那還要上訪幹什麼呢？創新制度不扶助民權而是壓制百姓，創你鬼的個新?!

2014-2-26 12:52

要求昆明襲擊事件先公佈真相再定調宣傳，這才是對死傷者負責任的態度。向死者致哀！為傷者祈禱！——天安門當下半旗為死難者致哀！深入追究和深刻反省造成此一悲劇的社會、政治原因，不能僅以懲罰罪犯簡單了結此事，以至掩蓋問題本身。政府必須如實給人民一個交待！死者必得真相與真相之因，方可安魂。

　　五毛蜂湧而出反對疆獨，沒錯，但幹嘛不去查證查證當年陰謀建立新疆蘇維埃共和國的事兒？襲擊平民的恐布分子必須嚴懲，救死扶傷必須全力以赴，事實真相必須公佈，背後成因必須反省，非如此不足以平民憤。但任何人都沒有理由從以憤怒為由走向狂熱，以同樣的暴徒心理煽動族群仇恨。面對各種社會事件，正是考驗公民理性從而去除臣民心理和暴民心理的時候。

　　不要用憤怒麻痺自我，用狂熱取代正義！區別恐暴分子和維族、區別恐暴分子和新疆人，這是常識也是常理。如果連常識和常理都不明白也不願意明白，正是臣民變成暴民的緣由。公民理性乃人權保證和普世價值，這是全世界同聲譴責恐布主義的思想基礎。

2014-3-4 19:26 分三次發佈

湖北省委書記說對人民孝順就是政治倫理之綱，把政府和納稅人的關係、把國家權力和選舉人的關係變成倫理關係，真是混帳之極！先假設自己該當權、該當官，問題是這假設本身就既無合理性亦無合法性。你有權，百姓無權讓你無權，說什麼都是白搭。父母連生育兒子的權力都沒有，還有孝子？你權利在手，討好上級做龜兒子去罷，拿老百姓開什麼訕?!

2014-3-4 20:04

是真天真還是裝天真？──中國老百姓只有民生問題沒有民主問題，中國老百姓只需要吃飽穿暖活著就行。幹嘛民主這一關乎每一個國民尊嚴的問題就那麼諱莫如深呢？政治協商會不協商政治權利如何分享即民主政治的問題，還有什麼可協商的呢？如果只談民生，那就改為經濟協商會，也許更名符其實。

2014-3-5 21:57

西方百姓常讓政府不爽，中國政府常讓百姓不爽。老百姓不爽了，政府就可以站出來像救星說得很爽。比如霧霾，現在講跟中國人幸福與夢想多麼有關，政府多麼投入。人大政協對政府一片讚揚。就沒人問：這霧霾跟政府有何關係？百姓為嬰兒不吃毒品從香港多帶幾罐奶粉要判刑，霧霾讓全中國人民減壽，應該判誰？

2014-3-8 09:23

民主與法制的實施必須分權，司法獨立，黨法分家、政法分家，這是一步。還必須還權于民，關健是言論、結社等人權自由。以消費者權益保護法為例，如果出現問題，媒體不能自由報導，受害者不能聯合起訴，一切都要通過由政府控制的消費者協會，法律條款再細再好也沒用，它們能起訴權貴們掌控的國有企業麼？

2014-3-16 10:23

在大陸做官能做的好事只有種樹，即使是熙薄在渝大種銀杏，不管他因此搞了多少名堂，種樹本身也不錯。唯一不能幹的是，到處去挖鄉村大樹，鋸手截足運進城，敗了人家風水與文脈。然為官者言：市場經濟，人家要砍了賣，你不要別人要，說話有什麼用？──完全正確！在一個荒唐的體制裏，每個人都不能清白。

2014-3-16 11:26

中國人愛添丁兒，俄羅斯喜占地兒，不管用什麼辦法，也不管有無道理。──天長日久，這世界上的地都歸俄羅斯，這世界上的人都叫中國人。難怪歐美這麼害怕我們和俄羅斯聯合起來，難怪歐美要在宇宙外太空到處找地移民。問題是中國有人沒地兒，俄羅斯有地兒沒人，這世界會變成什麼樣子呢？

2014-3-22 07:36

一大早從長安街去機場，一路進城的車堵到五環，機場旁小天竺也堵得滿滿的。司機說首都就是首堵，這話不假。路網已擴到七環，北京從天上看，就是一大蜘蛛網。老百姓有如網上粘著的蚊蟲，動彈不得，任宰任割，或者就讓你這麼無奈的活著；而國家機器及官僚機構就像是盤踞中心的大蜘蛛，想幹嘛就幹嘛。

2014-4-2 09:48

"絕不以河北一地之小私損京津冀三地之大公"──這話真是中國黨官的典型心態：對所轄之民視若草芥，什麼一地之私？七千萬人，歐洲大國，三個臺灣；對上級、對中央只管討好，不顧百姓之利賣身求榮。當年李井泉為邀功中央，不管川民死活調糧（茅臺酒廠此間擴大生產供應中央），餓死數百萬人，有些村莊幾近四分之一。這種無恥狗官為何至今綿綿不絕？

2014-4-16 09:46

我們和日本較量什麼？經濟總量還是人均GDP？軍事力量還是原子彈？釣魚島還是教科書？製造業還是高科技？2011-2012的統計顯示：中國18至70歲國民人均讀書4.39-4.35本，而日本為40本。我們真的在和日本較量嗎？

2014-4-17 18:08

韓國校長為孩子沉船而自殺，表現了一個人之于良心的擔當，也許不是可以類推的，但作為個人選擇非常高尚；中國教師讓領導先于孩子逃生，乃長期奴性所致，實在是可憐可恨之至。——當然這是兩個特例，不能用不同情況的表現進行同一水準的比較。只能是思人思己，而且無論思人思己，都應當是自我反省。

2014-4-19 22:23

五一得到的消息有兩條：一條是中國今年按世行購買力平價法測算將成為全球最大經濟體；二條是中國貧富差距超過美國，基尼係數0.55，美國0.45，而0.4則為警戒線。——我們的確堪稱道路自信：一是可以不顧環境、生態與人民健康發展經濟，二是可以維護紅色資本之既成權力與既得利益，何樂而不社會主義呢？

2014-5-4 18:08

文革並未結束。已有好長時間，凡揭露文革的藝術作品一律不准在美術館展出，宣傳部通知從來不講道理也無須理由。文革早已否定，為何不能揭露?!張志新雖已平反，但那些當年在獄中強姦她的人、割她喉的人，為何至今逍遙法外？包庇惡人之體制必定更惡。中國歷史藏於黑暗之中，中國現實必定充滿黑暗。

2014-5-4 21:34

臺灣學運反對服貿，表達訴求，原因是臺灣高中就開設有公民教育課程。其課程超越黨爭，申明憲政，旨在培養自覺的公民意識。大陸教育從小到大全上黨課，黨化教育不改，臣民教育不改，奴化教育不改，工具教育不改，虛假欺騙的歷史教育不改，中國人永無獨立人格，永無做人尊嚴，永遠是威脅世界的野蠻人。

2014-5-7 08:23

重慶這座有名的”解放碑”，是因為當年日軍大轟炸，將周家院子炸成大坑，時人樹起旗杆以示不屈。後國民政府立碑壯志，名曰精神堡壘。抗戰勝利正式命名抗戰紀功碑。劉鄧軍隊攻佔重慶後改名解放碑。由此抗戰歷史遮罩于後，無人再提。而今重慶還有多少人知其來歷——歷史是怎樣被遮蔽被遺忘的？這是一個很好的例子。

2014-5-8 22:38

張藝謀說：現實主義的電影缺乏，還真跟審查沒什麼關係，這是市場的選擇——什麼跟審查真沒關係，你拍一部反映胡、趙失權內幕，揭示薄、周政經黑幕的影片試試看?!——張藝謀之類于現行體制中謀藝到太多好處，借市場掩飾體制之弊，乃屬必然。一幫既得利益者為既成權力者點贊，不過是另一種更骯髒的權錢交易而已。

2014-5-9 11:41

用人和自然的關係取代人和人、人和社會的關係，是古代知識份子的智慧，卻是現代知識份子的懦弱。決不能重蹈複轍，決不能！決不能讓今天中國還成為知識份子隱退的國家，知識份子必須站出來，決不隱退，決不畏懼，中國才有希望。——一切極權者實行恐懼政治的目的，首先就是要讓知識份子膽怯。

2014-5-19 00:14

今去重慶書城，一看已變商場。樓層電梯還掛著書籍類別，多年即按此購書。而今全是商鋪茶座，賣的是手機、茶具、珠寶、書畫，美其名曰新華物品。書成配角，雜陳其間。轉了半天，竟無一本可獲。三千多萬人的大城，一個新華書店都保留不了，還高談中華文化復興，羞死人也！

求證中國是哪一年開始使用餐巾紙的：反正五十年代至八十年代沒見用過。餐巾紙對中國人飲食及生活習慣的改變，很多方面比所謂精神文明辦在提高中國人文明程度方面，作用要大得多。為什麼？歷史不是政黨口號就能改變的。一張餐巾紙、一支簽字筆、一個避孕套怎樣改變了中國，才是歷史值得研究和書寫的。

2014-5-19 07:58

在今天中國大陸，有兩件事是必須做的：第一，言論自由立法；第二，公民教育課程。前者為著已成年中國人；後者為著未成年中國人。任何政治家，無論尚民主還是尚專制還是在民主與專制中協調，只要是有歷史眼光並希望把中國人和中國帶向現代化的人，都應從這裏開始。極權主義再強大也是暫時的，絕無出路！

2014-6-2 08:28

中國霧霾危害最嚴重的不僅是PM2.5濃度，而是所含痕量金屬顆粒，現10-20倍於美國，鋅氧化後對人體細胞DNA會造成無法修復的傷害，而某些基因損傷將傳給後代──這意味著什麼？正過端午希望保持文化傳統的中國人，是否應該想一想：這樣下去我們的後代還是健康的中國人嗎？這個世界上還有健康的中國人嗎？

2014-6-2 17:58

記住1958年，這是講真話倒楣說假話得寵的年頭。從這一年開始，中國不再有真實，中國人不再有真誠，中國知識界不再有真理。數十萬人二十多年青春與生命，因右派一說被拋棄、被迫害，至今還說反右正確只是擴大化而已。這道遮羞布和彌天大謊不破，中國、中國人、中國知識界哪里有真？哪里求真又哪里存真？

2014-6-3 16:24

黨建雜誌黨建網劉浩鋒文指《歸來》摧毀主流價值，說電影"批判了中共那段歷史對右派知識份子的迫害以及家屬的傷害"，"從而襯托出中共經典價值的負面效應"。——中共經典價值就是像反右鬥爭一樣迫害知識份子傷害家屬麼？這傢伙怎麼能說得這麼精准！如果這就是經典價值、主流價值，不摧毀更待何時?!

2014-6-5 08:04

看諾曼地登陸70周年今昔對比照片，只覺歷史偉大，尊重歷史的人偉大。人家可以找出這麼多地方，那些海岸還在、海灘還在、街道還在、建築還在。你在中國試試看，比如抗戰收復失地的老照片，有幾張可作今昔對比？還得見原來的自然環境城市形貌？我們的歷史在哪里？中國人什麼時候變成了最不尊重歷史的人？

2014-6-8 15:56

老毛拿了那麼多地給外國，我們不追究。一個荒無人跡的小島，倒成了操控國民的法碼。中國老百姓上當是上不怕的，只要你說美國圍堵中國，只要你說日本又欺負我們，只要你說菲律賓、越南、澳大利亞又在反華，你就能得到擁護。在中國，外交就是內政，是內政統治術，和專業的、真正的國家間交道沒多少關係。

2014-6-9 21:12

人說民國范兒，或衣冠形貌，或言談舉止，或人品操守。其實核心在知
識份子、文化人、愛國者對現代化諸問題的探索，特別是對民主政制的
思考，如左舜生遺墨之"為民主奮鬥，為自由努力"。此一使命旁落，乃
中國歷史之大悲劇。第一流思想家鬥不過三流革命者，第一流人才鬥不
過下三爛政客，不亦宿命矣乎?!

2014-6-12 09:09

日本能夠不斷打進世界盃決賽，是因為他們有高中足球聯賽。我們的高
中生在幹什麼？在被填鴨，被灌輸，在背那些虛假政治課和編造的歷史。
把小學到中學再到高中再到大學再到研究生上黨課的時間用來鍛煉身
體，踢踢足球，中國足球還怕不能出線進世界盃，甚至去拿世界盃嗎？

2014-6-20 06:33

根據香港收集的資料，中國霧霾PM2總體水準為美國5-6倍，而痕量金
屬水準為10-20倍。鋅等金屬元素的危害是可損壞細胞遺傳基因DNA，
且無法修復並遺傳後代。中華民族人種之不保，是否"到了最危險的時
候"？對執政者該不該問責？中國人還是中國人嗎？

2014-6-22 10:41

中國的移民潮令人恐懼。中國人把自己的家園發展得空氣、土地、水源
皆嚴重污染，在全球最厲害最難治理也最難恢復，然後奔去別人的家園
定居。如果只為呼吸新鮮空氣、看看生態原野、喝點清潔的自來水，尚
情有可原。關鍵是還揣著來路不明的錢，要去繼續發展。上帝呵，為何
要選中國人來幹這等末世的事兒?!

2014-7-3 16:11

七七抗戰爆發，需要反省的是：誰在抗日？誰在說抗日而讓別人去抗日並不斷抵毀別人抗日？誰在篡改抗戰歷史並遮蔽、歪曲、隱瞞抗戰事實？紀念七七，首先要尊重歷史，首先要公開抗戰時期各黨各派各個政府所有歷史檔案，才能讓人瞭解真相。歷史從真相開始，愛國從真相開始！

2014-7-8 19:04

雷鋒是偉大的，不管他受何種思想支配、出於何種目的，只要他真心願意幫助別人。他的偉大和突然死亡有關。耶穌更是偉大的，因為他想幫助所有人包括他眼前的人，而且他被釘死在十字架上，要承受慢慢死亡、生不如死、死不可求的痛苦。──有此準備之人，方可貢獻中國，方可拯救因偉大而需要人祭的中國。

2014-7-8 21:33

凡是打個球，比下賽，要為國爭光，為人民服務，一般輸的多。巴西隊這次為兩億多巴西人打球就輸得這麼慘，中國隊在國際上次次都要為十三億人打球，難怪中國隊從來沒贏過。不要怪他們打假球，他們是假裝在打球。阿彌託福，幸好沒去世界盃、幸好沒去巴西，不然怎麼宣傳比個賽的偉光正以及打個球的中國夢？

2014-7-9 08:24

足球與國家多少有關，但國家與足球最好無關。有人說巴西得冠女總統有望連任，結果巴西輸得理所應該。值得歎息的是荷蘭。德阿決賽也好，兩洲之間，給亞非留點希望。中國足球除了花錢辦世界盃，可進32

強、16強、8強，沒什麼希望，哪怕是做夢至死。原因很簡單，我們只有官方，沒有民間，連體育也不例外。

2014-7-13 12:18

真是不懂事兒！大陸政府不靠賣大自然和老祖宗留下來的東西，從土地到山水，找錢發財，官員們貪污什麼?!寺廟收錢算啥！原來還說"國民黨稅多，共產黨會多"，現在我黨什麼都多。不信你把國民政府的稅拿出來比較比較，差遠了！啥叫共產，你明白不？真真是太太的不懂事了！

2014-7-20 10:21

極權要維持，必須把知識份子搞傻、搞怕、搞濫。以新民主主義口號反蔣，結果是共產一黨專政，讓一幫人全傻了眼；從思想改造、反右鬥爭到文革清理階級隊伍、打倒學術權威，弄得人人自危；這些年下海、提幹，報項目評職稱，讓他們為蠅頭小利勾心鬥角，弄虛作假。潰不成軍之時再讓這些傢伙做夢去罷！

2014-7-21 07:52

在中國每一個人都不能放心的生活：我們不知道現行體制會發生什麼變化，也不知道現行體制會變化成什麼。中國是一個高速發展的社會，除了消費領導著人民，金錢主宰著人心，老百姓沒有任何保障，就連你花錢買下的住房也將會不再是你的；百姓也沒有任何期待，不知自己子女以後將生活在一個怎樣的社會裏！

2014-7-30 11:52

武松打虎，中國詞兒的形容是"英雄——虎膽"，也就是說，他也屬虎。所以，武松打虎打的並非害人之虎，而是攔路擋道之虎。更何況老虎在今天世界上已是稀有動物，只朝鮮、越南、古巴、委內瑞拉諸國尚存。中國有一大堆，還互相打來打去，也是一大奇觀。姑且觀之待之，看是個神馬結果

2014-7-31 11:52

一旦成了明星，就什麼都想當。——中國人現在最不怕的事兒就是誇張，沒做就先說，要說就放話，儘量放大，越大越好，沒一點兒障礙。最好去問問明星大腕們，想不想當中國的總書記、美國的總統、聯合國的秘書長，還有北朝鮮的最高統帥?!

2014-7-31 18:09

制度自信的意思是：制度產生貪官，反腐證明制度；不斷產生，不時反腐，也就是不停證明。——至於反腐背後有什麼貓膩、黑幕、秘密，恰恰是制度之所長之所為。故自信之處在於：一，周而復始，武運長久；二，輪流坐莊，有機可趁。

2014-8-2 12:04

有願意反復被騙之人群，必有不怕反復行騙之政治。後謊言時代的最大特點是，明明是謊言，你知道我也知道，但我就是要說給你聽：驢子就是馬。因為說話權利在我這裏，我說有十幾億人在聽，而你說我可以不讓人聽。謊言聽的人多就會變成真的，真話聽的人少自然就是假的。這是社會主義政治家不怕說謊的原因。

2014-8-2 16:40

恩格斯的問題有三：1.把資本主義前期的社會分裂擴大化，用階級鬥爭解釋整個世界和全部歷史，大錯特錯；2.用對立統一的二分法將辨證法簡單化、功利化和庸俗化，殊不知黑格爾之辯證法乃為三分法；3.未能發現和糾正馬克思《資本論》計算剩餘價值的簡單錯誤，即生產過程中的管理同樣是產生價值的重要因素。

2014-8-6 09:12

幾十年後房地產又收歸政府所有，再拍賣給老百姓，貸款可以，然後老百姓全欠政府的。你還能不服從"黨叫幹啥就幹啥"？──中國特色社會主義就是和美國根本不同，他們是政府欠百姓的，弄不好要關門；中國是百姓欠政府的。不聽話，查你個偷漏稅外加重罰，艾未未是也。

2014-8-10 09:48

中美聯合研究小組對50年政府檔案的分析證明：中國沿海海洋生態系統自1978以來遭到巨大破壞，正在以驚人速度退化，現已至一個幾乎不可逆轉點！南中國海珊瑚複蓋率僅為78年前的15%；而赤潮發生數則為1980年前的7-12倍。江河、土地、空氣，海洋，還加上人心都污染了，這個政府還想幹什麼？還能幹什麼?!

2014-8-10 12:04

現在網上最危險的事兒，乃是不顧一切抬舉中央、中央領導特別是最高領導，抬舉成救世主，抬舉成蓋世帝王；等哪天他或他們真以為就是這樣，理當如此，中國必再度墮入地獄無疑──文革地獄、反右地獄、三反五反地獄。中國不怕有封建主義，主義只是主義再多也不怕，最怕的是一大批甘願臣服封建統治的順民。

2014-8-17 17:23

中國為什麼不去援助被伊斯蘭國恐布分子圍困在伊拉克辛賈爾山區難民？我們在全球是GDP增長最快的國家，我們是世界第二大經濟體，我們號稱社會主義，我們提倡和諧社會，我們標榜和平發展，我們還是有著五千年文明史的仁義之邦，面對人類最殘酷最可怕的種族滅絕和戰爭罪行，我們只能袖手旁觀嘲笑美國嗎？

2014-8-19 16:08

貪腐只有數量大小、安全與否以及方式隱蔽程度的考慮，沒有貪者汙、腐者敗的問題。倒楣的是人──一個個在這個體制中站錯隊、失去權、差了運的人，而非這樣一個不斷乃在滋生貪腐的體制。反腐敗永遠是這個體制的英雄，為了當英雄也會維護這個體制。什麼時候反腐敗才能不是運動而是體制的結果呢？

2014-8-29 20:25

大陸隨處可見的景觀就是拆毀的民居和拔地的高樓。城市已無記憶，我們都像外來者住在久居的城市裏，陌生而外在。為什麼呢？不是因為中國要發展──全世界都要發展，但沒有一個國家像中國。是因為共產主義要消滅舊世界，不消滅怎能讓一部分人富起來呢？看來主義只為共產，共產只為讓一部分人富裕罷了。

2014-9-29 21:13

中國遲早會制定公投法，公投法既然是法，完全可用法律形式規定公投範圍，用不著擔心公投會造成分裂。現在香港的問題不是統獨問題，也不是普不普選的問題，而是真假民主問題。我掌權我決定候選人，你只能投票認可，這種選舉與民主無關，比直接任命不如——因為直接任命是真的，而所謂普選則是假的。

2014-10-2 08:12

偶得仿五絕三首。其一《仿柳宗元》：千城鳥飛絕，萬巷人蹤滅。地產主義翁，吸幹華夏血。//其二《仿杜甫》：國在山河破，城深草無春。感時人禁言，恨世心出聲。//其三《仿李白》：床上全脫光，官優正成雙。舉頭思共產，低頭入夢鄉。

2014-10-6 08:16

中國大陸什麼都進入了二十一世紀——經濟、消費、網路。生態、環境、資源則恐怕已消耗至下一個世紀。唯思想意識停留在十九世紀。十九世紀西方的一個主義、十九世紀西方的一堆文學，至今讓中國捧為圭臬，不得越雷池一步。這著實令人奇怪：只懂十九世紀的人帶領我們走在二十一世紀的路上，算是跨世紀人才麼?!

2014-10-26 22:11

把權力關進籠子裏，對極！關鍵是誰來關？誰來看？如果是上關下，上看下，那最高權力誰來關誰來看？關和看的根據是透明的法律制度，而關和看的權力則來自於公開的民意制約——選擇、監督、問責等等。中國歷來不缺明君與清官，缺的是老百姓選擇明君與清官、去除昏君與貪官的權利。

2014-10-28 11:58

在網上說話，時遇"有人舉報"或"多人舉報"，資訊被黑之事。問這"人"為何者？有如此之大的超級特權，可以任意、肆意取締公民言論自由。既然上網說話者是實名制，那網上舉報者也必須是實名制。既要舉報，就報上名來。名都不敢留，算是什麼東西？難道"舉報"二字就是無理由取締公民自由的同義詞嗎？

2014-11-2 16:23

有那麼一個國家，國主（家有長國有主）輪流執政。一旦某主上臺，所有人都在猜測他說話的意圖，以確定自己該說什麼、怎麼說。他說的每一句話，都包括著世間偉大的真理，都有許多著名學者來進行深刻闡釋。一句夢話，讓十幾億人奉為聖旨，天天說天天講天天看天天聽。這樣一個特別搞笑的國家，就叫做中國。

2014-11-5 09:05

好多次了，在各個城市，從所住的賓館望出去，都是這形象：一樣的高樓在霧霾裏延伸，無邊無際，高高起重機還在繼續，從沒有停下的跡象。整個中國就像是一台瘋狂運轉的大機器，所有人、所有作為都不過是這台攪肉機中的碎片。為後代留下什麼呢？除了文化廢墟，就是歷史殘渣。──只讓人無奈而又無望。

2014-11-9 09:04

中國人的好客真是舉世無雙：為了老外能吸口無霾的空氣，知道開會地界"平安無事"，我們關了周圍的工廠，停了城市的工地，熄了市民的汽車，滅了取暖的火爐，弄了好多不放心的人去旅遊，還擋了不少出行者不能回家。真不知在中國作客的人有何感想，如果我去別人家，主人把他家裏人弄得很慘，我還能待嗎？

2014-11-12 07:50

這個世界最荒唐的邏輯是：一群人代表人民爭取民主主義推翻專制統治，而這群人掌權之後，又代表人民取消民主主義實行專制統治，然後說這是中國特色的社會主義。是人民需要謊言，還是謊言需要人民？是這群人需要人民，還是人民需要這群人？

2014-11-28 06:10

在中國過度監管隨處可見，近日廣電總局發出《關於廣播電視節目和廣告中規範使用國家通用語言文字的通知》就是一例。什麼叫國家通用語言文字？國家通用，誰來規定？名無固宜，約定俗成謂之宜，異於約者謂之不宜。語言文字是老百姓在使用過程中不斷發明創造然後約定俗成的結果，是一個自然選擇淘汰的過程，是什麼東西廣電局有權力管的事兒嗎？

2014-12-1 13:40

二輯：共和必需民主

自由和民主肯定不是這個世界上最好的東西，只是比禁錮和專制要好——共產主義倒是最好的東西，但已成為世上最大的謊言——這世上壓根兒就沒有最好的社會，只有不是最不好的社會。知道這個道理，所有努力者才不會過於失望。

2012-5-17 01:21

中國詩人在1949年以後就和政治脫不了干係，唯一可以選擇的是反抗政治文化，介入文化政治

2012-6-9 17:38

所謂愛國就是愛國民，愛嚮往獨立、自由、平等、有尊嚴、有誠信的國民——不是複數的人民，而是單數的公民。

2012-6-14 15:44

遊戲固然可以仿擬現實，但現實仿擬不了遊戲。在催淚彈面前，70後，80後，90後的感覺差不了多少。歷史的改變既事在人為又自有方向，每一代人都會有優秀者加以推動。向青年抗議者致敬！你們是中國的希望、歷史的希望！

2012-7-4 01:52

沒有公民社會，就只有現代專制主義；現代專制主義不合時宜，要維護統治必然產生暴政；這就像沒有公民就只有臣民及臣民變成的暴民。——兩者相輔相成。現代專制主義只有霸道沒有王道，因為它面對的是個體解放的公民而非集體服從的臣民。

2012-7-8 03:58

國共掌權皆一黨專制，這是中國封建的劫數，不得不曆。然領導現代化的政治團體必須分化，多黨、兩黨，或一黨兩派、多派。毛澤東說黨外有黨，黨內有派，沒錯。關鍵是政見不同且公諸於世，以此相互監督，百姓有權選擇。哪有一黨一派自認合法且暗箱操作的道理？正如奧運場上又當裁判又參運動，不黑才怪哩！

2012-7-20 08:05

在當今中國"教育救國"變得越發重要，經濟發展，消費盛行，功利主義流行，國民素質中的公民意識，即現代人的道義、良知、責任和義務亟待培育。非如此難有中國人權狀況之改變與民主制度之建立。現代公民不是天生的，乃是與現代教育共生的，是擺脫臣民奴性與暴民感性而育成公民個性與公民理性的結果。

2012-7-20 08:24

為了下一代，救救孩子！現代教育的本質是為國家培養有知識、有文化的公民。教育必須獨立，獨立於任何政治團體和官僚體系。教育自主、大學自治，這是國家現代化、國民現代化的前提。大學獨立地為國家培養公民和軍隊獨立地保衛國家是一個道理。任何政治團體越權干涉，都只有壞處沒有好處。大學獨立是教育救國、立國、建國的根本。

2012-7-20 08:38

建立公民社會的關鍵，一是開放言禁，還老百姓以憲法規定的人權；二是改變教育，建立以培養公民為目標的獨立教育體系。

2012-8-12 08:53

毛喜說大眾，也喜說人民，但只想主民而拒絕民主。中國愚民政策最大特點就是以人民的名義壓制、欺騙、愚弄作為人民的個人。沒有個人的人民只能是愚民，沒有個人自由的人民只能是臣民。什麼時候以人為本變成以個人為本而不是以人民為本，封建民本思想才演變成現代人本思想即民主思想。

2012-10-31 08:53

政治改革對於中國不是可有可無的事，不是那位領導人願幹或不願幹的事，而是這個政權、這個政府是否合法的前提。不要把亡黨和亡國聯繫起來，任何政黨任何政府都沒有天賦國權。做得不好，任何政黨、政府都該下臺。只有國家和人民不會下臺，因為它們是歷史實體而非權力組織。

2012-11-15 08:13

當代政治的有效性是契約政治與倫理政治的結合，結合的仲介是有效、公開、透明的行政管理及有序、公平、開敞的社會協商，以調節權力的集中與共用、利益的多寡與均衡。現代社會的合理性不是掌權者自封的，也不是奪權者命定的，而是由生活在現代社會中的現代公民來加以判斷的。

2012-11-15 08:33

政權合法性有三條：一，憲政原則的歷史合理性。所以不要以為有權修改章程就合法，林彪接班還有過條款哩。二，憲政公約的文化合理性。所以既要遵循普世價值又要尊重歷史傳統，最重要是公民權利的保障。

三，執政者政績考查的公開性。所以要有獨立的監督機制和民調機制，並不受執政者制約和控制。

2012-11-15 09:00

政治改革是解決國家的現代化問題，教育改革是解決公民的現代化問題。封建社會與專制體制下的臣民是不會自動或自然成為公民的，必須經過現代教育培養才能成為有知識有理性有文化修養有人權意識有社會責任和全球觀念的國家公民。沒有這樣的公民為基礎，難有健康有序的民主政治。

2012-11-18 06:21

中國教育最大問題是教育服從於政治。教育本屬民間社會，不能由官方一統，更不能屈從政黨功利。國民教育之本質乃培養國家公民。教育獨立，大學自治，是中國教育改革根本問題。臺灣同為中國，能推行民主政體，乃因接受的是公民教育而非臣民教育。中國民主政治當自教育始。

2012-11-18 06:34

民主憲政就是政治權利的現代化，就是個人權利與國家形式的關係，此即民主的實質。中國四個現代化缺了兩個東西：一是政治現代化，如上所說；二是教育現代化，即普及現代教育，使之大眾化民間化，而非政黨化行政化。教育之根本在培養有獨立人格，知識理性，文化修養和全球意識的國家公民。

2012-11-29 08:47

空談不一定誤國，實幹不一定興邦。比如網上所談，百姓無權，想幹也幹不了。如果連"空談"也被罪以"誤國"，那公民言論自由何在？再如國企之實幹，錢都到了特權階層手裏，想怎麼花就怎麼花，貪污腐化在內，老婆孩子在外，興什麼邦？國家在手的人當然愛國。國產屬於我家，自然會愛"國家"。

2012-11-30 07:42

中國女性一要不在乎老，不要結婚生子就放棄；二要去介入政治，不要把社會出讓給男人。要改變中國現狀，要改造中華文化，女性的獨立參予與平權介入不可或缺——中國特色的腐敗跟性別有關，男人集權三宮六院，養那麼多，不貪才怪。體制不平要改，性別不平也要改。在今天，性別也是政治！

2012-11-30 08:03

靜坐當思己過；閒談應論國非。——此天下興亡，匹夫有責也。

2012-12-2 10:00

黨政不分，黨權在上，此即黨政皆自己監督自己。監督權與執政權合一，加上與論控制和司法控制，能監督嗎？紀委受黨委領導，在黨委中排行在後，沒有平行的獨立權力。下級服從上級並監督上級，能監督嗎？而紀委取代了司法和媒體直接監督執政者的權力，中國的腐敗能制止嗎?!

2012-12-3 08:03

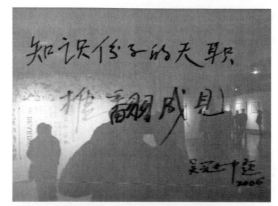

吳冠中"知識份子的天職是推翻成見"這話說得不錯。
編《吳冠中全集·九卷·吳冠中談藝錄》時，從他幾百
萬字文章中挑出這句話作為該卷前言標題，後來吳冠中
把它用於全集序中，還專門手書一幅。斯人已逝，今方
得見，記憶猶存，世事依然，心中一聲長歎……

這裏的廣告：臺北不僅是座城市，而且是座森林。這讓
我想起"森林重慶"的口號。很多大樹被砍斷手腳，從
小時生長的地方移植到城裏，它們中大半不能存活。這
是城市對鄉村的掠奪與屠殺。臺北最驕傲的地方是有很
多很多的大樹和老樹，但沒有一棵斷臂樹。

歷史的悖論是：私有制讓社會不公平，公有制讓社會更不公平──且永不公平！

2012-12-3 19:33

誰在超越？誰來追究？自己在超越，自己來追究？怎麼能做到？要做到這兩點，必須：1.司法獨立；2.開放言禁──如此，才有真正的追究者去監督超越者。否則，不過是說說而已。

2012-12-5 07:17

或許可以和臺灣換一換，讓8000萬黨員在這裏建共產特別行政區，讓其他人呆在大陸，一國兩制，各享其成，只要"臺灣海峽兩邊的中國人都認為只有一個中國"就行。──正在臺北，故有此念，請酌。

2012-12-14 07:41

一國兩制，很好！讓"一國"之國民投票選擇國名，該不算過分吧？是中華民國還是中華人民共和國，13億中國人全民公決一下，如何？建議重慶建立新特區，屬中華民國直轄。這樣有利於祖國統一，中華復興。

2012-12-16 18:20

保護公民電子資訊，如果不提保護公民言論自由，包括揭發貪官污吏、討論政治改革的言論自由，就不僅是一句正確的廢話，而且隱匿著不可告人的目的。憲法規定了公民的言論自由，卻沒有法律來保證這種自由和對侵犯這種自由之違憲罪責的追究──中國最需要立的法就是言論自由法。

2012-12-25 22:37

自由都是爭取來的，通過非暴力而非革命、政治博弈而非暴民造反的方式，尤其是在中國這樣一個臣民多於公民的國度。

2012-12-26 08:19

詩曰：網路自媒體，公民傳心智。多元聚能量，博弈得真實。

2012-12-26 09:41

中國最需要建設的是公民社會和民間社會。沒有現代公民就沒有中國社會的現代化，而民間沒有權利就沒有中華文化的復興。現代的民間公民社會就是人的現代化、文化的現代化。只提工業、農業、國防、科技四個現代化極為片面。這種新加坡式的現代化，幸福指數極低。

2012-12-26 10:01

現代化包括三個方面：經濟、社會、人。經濟現代化指工業化、後工業化即資訊化；社會現代化指民主化，即能夠充分保障個人自由的社會組織；人的現代化指公民意識，即通過現代教育培養國家公民。對中國而言，人民如何從臣民轉變成公民而不是變成暴民，乃是關乎民族命運的大問題。

2012-12-26 10:14

網上什麼都可以談，但最應談論的就是民主憲政問題，因為這關乎人和社會的現代化。沒有人和社會的現代化，就沒有中華文化作為世界多元文化之元的復興。沒有人和社會的現代化，只有經濟發展和政治專制，中國將成為世界的災難——想想二戰前的德國就會明白。

2012-12-26 10:26

中國什麼時候有獨立的制憲委員會和獨立的憲法法院，才能談論所謂人民民主。前者維護的是憲政原則，不容任何人主宰和改變；後者維護的是公民權利，審查違憲罪責及權力機制。非如此，民主皆是空談、皆是做秀、皆是騙局。

2012-12-28 06:55

憲政的本質是用憲法及相關法律規定的政治體制限制掌權者，使之置於公開監督監管之中，不得為所欲為，不管掌權者是個人是團隊還是政黨。而另一面則是賦予公民以選舉權、知情權、話語權等等，即人權對國家的主宰權。所以對於憲政國家而言，人權高於主權，人民權利大於政府權力和政黨權力。

2013-1-3 09:37

民國范兒之所以有范，乃是因為民國不是有無自由的問題，而是自由多少的問題。由少到多需要爭取，於是就有了錚錚骨氣。而今連有無問題尚未解決，一切報人均在宣專部嚴管嚴控嚴懲之中，報人為奴，沒有言論自由與出版自由，有何新聞真實可言？更何談報格人格國格？

2013-1-4 20:34

對五四的反省不是簡單否定，五四時代個性解放之所以未能建構起個人自由優先的合理社會，恰恰是救亡圖存的集體主義併吞了個人性。民族國家獨立完全取代了現代啟蒙運動，結果是集體主義變成封建主義，社會主義變成國家主義。現代知識份子是啟蒙的動力，也是啟蒙的結果，並且是啟蒙的反省者。

2013-1-10 17:40

大國極端民族主義一旦被煽動起來，中國就是世界的災難。危險的不是日本，也不是美國，而是中國。沒有理性的公民，就只有盲從的暴民。

2013-1-12 08:50

口講人民，其實沒有人只有民。民有三種：良民、暴民——此二者皆為臣民，本朝的或換代的。還有的是：移民。唯獨缺少的就是公民，為什麼？因為公民之民是人，是一個個有權利有義務、此生此在個別具體的人。以人為本，如果不以個人為本，那就必定被偷換為封建民本思想而與人無關。

2013-1-13 17:31

網路自由發言要擺脫話語消費和道義幻覺，別無他法，只能是社會行動。正像批判的武器不能代替武器的批判，批判的行動也不能代替行動的批判。網路正義應該申張，而申張者要從我開始、從現在開始行動起來。

2013-1-23 16:06

看來把權力放在制度的籠子裏，首先得把權力持有者即有權的政府官員放進去；第二怎麼放，是納稅人公開監督還是由上級管下級即所謂黨要管黨；第三是放在什麼制度裏，是公正透明的獨立司法制度，還是司法服從於黨委指示。

2013-1-25 15:28

在批判行為和行為批判中，加上勿尚暴力、勿行決裂的思想實屬必要。在中國，政治變革要兼取盧梭、馬克思和甘地。用博弈與互動取代造反，用抗議與協商取代革命，用不妥協、不臣服、不間斷、不倒退的漸變改造中國、改善國人，改變中國社會近代以來從民主始到專制止的歷史宿命。

2013-1-27 10:14

中國實行憲政之事兒可以公投。中國人民不是早就站起來了嗎？都站了64年了，還沒資格公投嗎？還要站多久呢？

2013-1-28 09:46

網路的勝利從每個人的行動開始。網友們不光要說，而且要做。把線民社會變成公民社會，只有通過行動。中國線民率先行動起來，"快把那爐火燒得通紅，趁熱打鐵才能成功"！

2013-1-29 08:56

前提是現代民主共和制度的建立：不是儒學可以帶來民主，而是民主可以發揚儒學。孔子一旦成為符號、成為品牌、成為神龕上的字樣，那就非但與民主無關，而且簡直就是專制的護身符，就象今天遍佈全球之孔子學院。

2013-1-30 12:00

不能因為失望于說白與白說的反對派，就放棄人權與言論自由的要求。今天的中國缺少的仍然是人權鬥士而不乏依附專制的機會主義者。人權一天缺失，言論一天不得自由，反對、異議並付諸行動就有道理。想想馬丁·路德·金之於美國的重要性。把你的東西抖出來，不要只有指責。

2013-1-30 18:21

臺灣國父紀念館，一邊是孫逸仙圖書館，一邊是中山畫廊，是書與畫並重的地方。我不記得北京毛澤東紀念堂有什麼文化設施。國共對待文化的態度之不同，由此可見一斑。

時值甘地殉難日，正讀甘地奮鬥史。羅曼‧羅蘭著，臺灣學生出版社譯，民國57年版本。繁體字，豎排，大陸人讀起來有點懷舊味道。甘地乃20世紀最偉大的思想家與實踐者，堪比19世紀馬克思。只可惜馬克思被人繼承過度，世界被革命害了一個世紀；甘地又無人繼承，以至二十一世紀人類不知該怎麼辦。

儒學不是民主政治的前提，因為現代民主以個人自由優先為社會組織的出發點。儒學講的是仁，即人與人的關係。統治者推舉儒學的原因是以人際關係取代個人自由，故有君君臣臣父父子子而沒有獨立個體，有民本而沒有人本。人本也好人權也好，首先要確定個體價值與個人權利，然後才是儒學所言的人際關係。

2013-1-31 09:21

法權優於善不等於沒有善，法制的人權可以遏制偽善而維護真善。

2013-1-31 09:38

在現代專制國家裏，官僚不過是上級的僕從與弄臣。這是列寧建立的等級制：黨駕淩國家之上，領導一切；黨由中央集團控制；中央由核心成員主宰；核心成員服從領袖人物指揮。下對上，形同軍隊，法制不過是工具而已。黨政軍一體化，一切從屬領袖政治。最典型的是北朝鮮，可以比對。

2013-2-3 10:41

民怨太重，無處發洩。一個沒有言論與遊行自由的國家、一個沒有真正選舉權的國家，國民表達的非理性必大於理性。

2013-2-3 16:57

臺灣只有兩千多萬人，大陸有十幾億。所以臺灣同胞要有耐心，好好在台試驗中國人的民主共和制，將來必有利於中華民族和大陸人民。到時候回來競選競選也未必可知。大陸之改變才是中國人在這個世界上之真正改變。我們都希望這個改變給世界帶來福音而不是災難，兩岸人民共同努力吧！

2013-2-8 08:44

香港人太瞭解大陸了，大陸政府絕不能允許嬰兒吃民主牌、自由牌奶粉，吃了以後怎麼做良民?!

2013-2-8 17:22

瞧這幫文人，只談文化復興，不談憲政民主，真是有辱北大學統！沒有憲政民主，哪來文化復興？兩者相輔相成，一為前提，一為結果，同是過程亦同是歷史。古代專制制度能推動古代文化興盛，但現代專制制度絕無可能。蘇俄、東歐、中國、朝鮮幾十年還不足以證明嗎?!

2013-2-12 16:16

什麼叫思想文化主權？就是把主權概念擴大到人權範疇，以國家專政的名義實行思想文化統治。當今社會文明與野蠻的區別恰恰在此：是以個體自由包括言論自由為前提建立社會體制還是相反？是以人權為普世原則處理國家內外事務包括外交關係還是以主權為名保護專制統治？

2013-3-3 09:39

什麼人代表中國？莫言說：用手挖路的人——這話正確，而且總是正確，永遠正確，和黨國口不離人民保持一致。人民是誰？如果不是一個個有人權的公民，那就只是個十三億統計數字。廖亦武曾是公民，艾未未亦是公民,他們自有批評權力,要反批評就得直面問題本身,不是別人代不代表中國的問題。

2013-3-5 07:21

中國的出路在公認人權,力改專政,消解革命,推進民主,從現在開始著手建設公民社會。非如此,難以延續發展,難以保護環境,難以安定人心,難以復興文化,難以調劑貧富,難以消除貪腐⋯⋯非如此,哪來的中國夢?!

2013-3-7 08:55

所謂代表,就是一黨思想之承受者。該做、會做的事情只有對領導人鼓掌,哪次會上有不好或不夠好的報告?每回都好,中國這麼多問題是怎麼來的?——兩會乃權力移交儀式而已,其他的都是伴奏,以及伴奏中難免有一點"雜音"罷了。

2013-3-14 08:30

"要吃糧,找紫陽","要住房,找克強"——可人除了吃飯睡覺,還要有個人尊嚴和個人權利,這些東西就是所謂民主。要民主,找誰呢?——我看只能找自己!因為民主也好、自由也好,都是爭取來的。

2013-3-19 10:49

媒體的重要責任是對政府施加壓力,讓政府朝著更好的方向轉變。所謂更好,無非是更多考慮大多數人利益並適當照顧到少數人訴求並使之有可持續性,無非是給予個體公民以理性支配與法律約束的盡可能多的自由權利。媒體不是政黨喉舌、政府工具，而是監督政黨與政府的社會公共平臺。

2013-4-8 09:31

中國老百姓要時時學習憲法處處運用憲法，學會充分使用憲法賦予的權利，盡可能表達自己的要求。中國人的現代化要從運用憲法對公民自由的保障開始，從言論、出版、結社、遊行等公民權利的自我實施開始。做一個受憲法保護的自由人而不是受最高統帥指揮的奴隸，這就是人的現代化和現代化的人。

2013-4-9 09:37

一個合理的社會必須承認異端的權力。讀讀茨威格《異端的權力》一書，就會明白歐洲的宗教改革，其改革者曾經怎樣殘酷撲滅異端；但恰恰是異端思想使宗教改革改變權力分配方式，把歐洲推向了現代性和民主化的進程。讓異端成為異端，讓異端發出不同的聲音！

2013-4-28 08:22

中國知識份子應努力去做兩件事：一，依據憲法，實施並支持公民言論、出版、結社、遊行之自由，首先敢說話，說真話，不怕因言失利因言失權。二，盡己所能，從各個方面爭取與重建民間社會的經濟、文化及政治權利，改變一切權利歸蘇維埃之專政。不要用體制立項研究的假學問空耗了一生的能量。

2013-5-5 09:29

在二十世紀政治家中，甘地是最具智慧，毛澤東最會幻想；戈巴契夫最勇敢，鄧小平最實用；柴契爾是最愛決斷的，李光耀是最善策略的；卡斯楚是最能叫勁的，克林頓則是最有幹勁的，而曼德拉最堅持原則又最能夠寬容。至於希特勒和史達林，兩人都是最獨裁者，但遠遠比不上金三胖，因為他們沒有繼承人。

2013-5-9 09:33

踐踏人權者無功可言，毛派好好比對這個歷史罪人──希特勒早年寫詩，還是和平主義者哩。

2013-5-17 20:26

教育的根本問題只有一個：公民教育還是臣民教育？政黨工具還是現代個人？

2013-5-18 11:03

從長遠國際關係看，台獨不可取，儘管可以理解。民進黨及其支持者尊重民主的普世原則，當大力踐行之。既然通過努力，已迫使國民黨走出專制，何不氣魄更大些，和大陸天朝展開新的歷史博弈。一個建議的口號是：民主進步統一中國！

2013-5-19 3:18

問題在於不理會、不批准公民集會遊行申請更是違憲行為，為什麼不懲處且無、罪罰相關條例。

2013-5-21 00:05

台反服贸运动或演变为"颜色革命"

的学生，昨晚19
政院，突破院区
坐，有十余名学
占领立法院议
通道，并到处流
机。
以无线电机
甚至有小货车
紧急回防的
活动空间。
不同人士包
士，也随之

服务贸易
方在24日
院区内已

行政院正门
，但都被警
群众陆

3月24日清晨，台湾警方用水炮驱离在"行政院"附近
抗议的群众。(路透社)

综合台大、马偕、台北市立联合医院中兴院区的
料，就医的伤者身分包括学生、民众、警察、媒体记
台联立委周倪安等。内政部长陈威仁前往台大医
视受伤警察时指出，昨日事件共有174名伤患，

臺灣學運反對服貿，表達訴求，原因是臺灣高中就開設有公民教育課程。其課程超越黨爭，申明憲政，旨在培養自覺的公民意識。大陸教育從小到大全上黨課，黨化教育不改，臣民教育不改，奴化教育不改，工具教育不改，虛假欺騙的歷史教育不改，中國人永無獨立人格，永無做人尊嚴，永遠是威脅世界的野蠻人。

公民本來就應有自由表達的權利，之所以有避開政治審查之說，是政治審查有違憲政原則而逆於現代社會民主趨勢。這並非中美之爭，而是歷史進步與倒退的問題。不要用用國家、民族之類的概念，遮蔽問題的實質，即中國社會的政治民主改革不利於造成巨大貧富差距的既得利益集團，而他們的子女正大量定居美國。

2013-6-8 17:01

我不贊成僅以造反奪權為目的的革命，也不贊成以惡制惡。我只贊成立法制惡、以法制惡，只贊成當事者揭露真相、承認罪過，由此達到個人的自我救贖與社會的寬容進步。──中國經歷了一次又一次更替皇權的暴民革命，不能再來了！

2013-7-8 09:23

不獨是善，惡的確也是歷史的推動力。既如此，為何要揚善抑惡呢？其實道理也很簡單，歷史並非只是自然或客觀的過程。歷史是人創造的，其創造必基於人的期待，所以向善史觀對於人才是一種進步。善者，對自己好，推己及人對他人也好，在主體間性中提倡真誠、開放與寬容──倘能如此，善哉善哉，善莫大焉。

213-7-9 22:52

進得香港城市大學，首先看到的是這個待建紀念館，上書：”愛國，從真相開始”。可惜沒開門，只看到外觀。

2013-7-19 09:22

轉型中國的藝術家與社會研討會於七月十九日在香港城市大學舉辦，港臺大陸三地學者、藝術家和策展人分五場演講。討論集中兩方面：一是當下現狀特別是民主政治問題與重建公民社會民間文化權利；二是藝術家如何以表達、行動等藝術手段介入社會並推動社會進步。兩岸三地相互交集的話題，值得學界注意。

2013-7-20 08:20

雲南騰沖祭奠國殤墓園。為民國抗日將士之英勇犧牲而深深震撼，不僅因為騰沖戰役之悲壯慘烈，而且因為天朝歷史對其豐功偉績遮蔽抹煞。歷史之真實不容改造，改變與生造歷史者乃為公敵與小人，必為歷史所棄。讀讀這裏的碑文，就會明白歷史為何、歷史何為。

2013-7-27 13:50

昆明機場，全國最有地方性與設計感的建築之一，漂亮而又便捷的航站樓，不像北京、上海、廣州新機場大得誇張，走得累人，同質感太強，人性化缺失。

2013-7-29 08:57

後謊言時代就是你明知這是騙局但我仍然要騙你，用資無關係來欺騙民眾、維持專制是天朝抵制憲政的鬼話。美國無產階級的確弱小，因無產階級由於憲政已成為中產階級。拒絕憲政就是讓無產者永遠無產，中國現已成貧富差距最大的國家，拒絕憲政正是為了維護集體皇權和特權階層對既得利益的永遠佔有。

2013-8-7 07:47

中國大陸政改必行憲政，此歷史潮流不可違逆。但大可不必爭論，不願行憲政者，可在中朝接壤處建一特別行政區，搞毛主義，搞階級鬥爭，搞共產主義，搞中朝友誼萬古長青。各得其所，豈不善哉！

2013-8-7 17:16

正視歷史，從懺悔開始。

2013-8-7 17:20

不承認個體公民和公民個體的社會，不是現代社會。憲法規定之公民權利不落實於個體，等於根本沒有，等於再被剝奪。用人民取代公民，用集體消滅個體，乃是法西斯主義、史達林主義、毛主義、金主義的共同說辭。

2103-8-10 08:33

"集體總統"之言，實為集體皇權。因為總統為選民所選，必受選民監督，選民可讓他上臺也可讓他下臺。而皇權乃自命必然，奪權上臺，上臺就不想下臺，如三胖之強權世襲。天朝之別，不過在三胖成群而已。

2013-8-10 08:50

掌權與奪權不同，就在於如何對待政治的欺騙性。區別在於：民主政治公民有揭露謊言的權利，故社會求真；專制政治百姓只能聽命朝廷，故社會做假。當今中國之假惡醜皆源於此。憑經濟發展決不能療，憑夢幻宣傳決不可蔽。其病之重深入骨髓，已到非政改不可的時候。值此中國福禍之緊要關頭，每個人都應問自己該做什麼。

2013-8-11 10:24

中國大陸知識份子人格之重建必須從徹底否定反右鬥爭開始。引蛇出洞的騙局使中國人上下誠信喪失殆盡。反右鬥爭破壞的是修辭立誠的中國人格，從此之後，直言者死，假言者活，謊言者升官發財。在中國除了做烈士之外，無人敢做正人君子。此歷史罪責，遲早要追究；否則，中國無誠可言，無人可立。

2013-8-11 22:15

比較一下中美公民言論自由狀況，你就會明白維琪的態度。用美國狀況來比較中國，很好。用其不自由度來比較中國，中美政府就應一起更正；用其自由度來比較中國，中國就應向美國學習。一方面大肆攻擊美國的不自由，一方面竭力維護中國的更不自由，這是真正的強盜邏輯，混帳之極！由學者說出更是無恥之極！

2013-8-13 09:43

民主什麼都可以包容，甚至是專制思想；但問題是專制不包容民主，不允許民主。所以當臣民奴性佔據人心時，改造國民性也就有了必要。民主意識不是天生的，是在現代化進程中通過尊重個性的教育培養出來的。把人從臣民集體意識形態解放出來，才有可能建設民主社會。由此看魯迅改造國民性的思想，一點沒錯。

2013-8-14 06:09

個人優先是建立現代國家的前提，但個人之謂並不純粹，自我之無意識既有歷史文化傳統也有現實意識形態的形成作用。所以臣民不可能自動成為公民，須經現代教育才能培育真正個體精神；而只有個體精神的自覺，才能去蔽存真，成為主動而非被動、自覺而非自動的自我。此即現代公民人格而非傳統臣民人格。

2013-8-15 09:08

教育與環境這是一個互為因果、雙向互動的過程，不是精英佔先、百姓在後的前後關係。古有教學相長之說，今有後喻文化之論，說的都是這個道理。培根說知識就是力量，對極；但這個Power也可以譯為"權力"，而知識一旦成為權力，特別是特權，就是值得十分警惕的事兒。

2013-8-15 09:34

總有一天，中國會樹起一座爭取公民權利奮鬥者紀念碑，相信歷史，相信人類的進步和中國人的進步。

213-8-17 06:19

對於當朝，我想送上林肯說過的一段話：你可以在某些時候欺騙所有的人，也可以在所有的時候欺騙某些人；但你永無可能在所有的時候欺騙所有的人。——第一句可以文革為例；第二句可以五毛黨為例；第三句話則可以反證公民憲政的歷史必然性。歷史有一種力量，就是讓欺騙回到本位成為欺騙而最終被人類拋棄。

2013-8-27 14:13

專制與鎮壓總是必然聯繫在一起，而民主與人道總是努力聯繫在一起。

2013-8-31 14:04

羅馬西班牙廣場著名的希臘咔啡館——拜倫、雪萊等許
多詩人呆過的地方，接受天空電視臺關於詩歌的採訪。
同場有詩歌評論家、出版家及藝術家，環境宜人，相談
甚洽。結識了咔啡店老闆，與他談到，什麼時候在中國
也辦一個這樣的咔啡店，文化人可以聚集。店主曰：這
裏是產生思想的地方。——說得真好！

進得香港城市大學，首先看到的是這個待建紀念館，上
書："愛國，從真相開始"。可惜沒開門，只看到外觀。

漢字借形表意，意味深長：當年"清"場，而今"清"網，都是一個清字。清淨網謠固然好，然水清則無魚。清網行動究竟要保護什麼？恐怕醉翁之意不在酒，在殺雞嚇猴威脅線民，進而取締網上言論自由。不然，為何不出臺相關法律法規保護網言自由並懲處那些違憲審查、阻撓、壓制、破壞公民言論自由的行為呢？

2013-8-31 14:56

不懲禁言者，只懲造謠者，不是民主與法制，而是威脅與恐懼──特別是給了貪腐當權者報復揭發者的口實。

2013-8-31 15:11

道聽塗說是民間的文化權利，查證公示屬於政府的職責範圍。

2013-8-31 22:10

民權不可辱也不可屈，中國老百姓需要戰勝恐懼，說出真話實話真實的話。

2013-9-1 14:52

把微博弄死，只有一個好處：貪官笑，腐官樂，百姓有話沒處說！

2013-9-2 01:37

言論自由本來就是現有憲法規定的公民權利，憲政本來就有憲法為依據。現在的問題是首先要兌現憲法有規定但從未真正實施過的公民權利，制定相關法律加以保障並對阻撓者施以懲罰。反對憲政者不敢反對憲法卻要反對憲政，豈不大謬？

2013-9-4 14:23

批儒必須，否儒不必。孔子並非聖人，但作為教育家，首開民間規模辦學之先例，功不可沒。後世民間書院皆源於此，民間書院對中國文化特別是學術文化的推進功莫大焉。今天一切教育歸官方，這是中國自民國後無學術無思想無文化的根本原因之一。還教育於民，孔子是歷史先師。

2013-9-7 09:40

沒用的，靠意識形態只能暫時維持政權。根本問題在政如何出、權如何賦。安定的出路只有一條：損有餘而補不足。而通過政改建立公民社會，才能達此目標。

2013-9-15 23:11

讓城市廣場成為公民自由的場所，而不是城管橫行之地。

2013-10-5 12:18

我喜歡顧城之詩，但決不認同顧城這人——詩人有權自殺殉職，但無權殺人陪殉。人格與詩品之分裂，顧城是也。

2013-10-15 10:33

諾和平獎候選人、阿富汗女孩馬拉拉，小小年紀毫無畏懼為一代人呼籲受教育權利。15歲被槍擊，身中數槍，幾近死亡。今又站在聯合國講臺上繼續表達自己的主張。不恐懼、不服從，在中國追求民主共和、憲政自由、公民權利和人格尊嚴的人們，應該向這個偉大的小孩子學習！

2013-10-27 16:29

毛思必須重新檢省：其二元對立矛盾論導致的階級鬥爭學說是錯誤的歷史觀，由此建構的共產主義則是虛假信仰。毛于錯誤史觀與虛假信仰中實行的封建專制和個人獨裁，造成了中國最大的人間災難。毛思唯一有價值的東西是其大眾文化觀念，而這是五四運動的精神財富。而毛之大眾文化觀亦須檢省：其大眾之謂乃無差別無分化的集體臣民，此乃極權主義思想基礎；其大眾文化亦屬意識形態治下之歷史傳統，由此古典美學得以延續。但文化精英面向大眾，一面"為人民服務"，一面"向工農兵學習"，這倒是說出了20世紀文化變化的重要趨勢。

2013-10-30 14:35分兩次發佈

對大陸每一個中國人來說，要問的問題是：我為什麼需要一個強大的專制國家和威權政府？

2013-11-6 22:28

不講憲政，何以依法治國？不談民選，何來政治民主？不公佈官員財產，何以反腐倡廉？不讓司法獨立，何來公平正義？──黨國不分，黨軍不分，黨政不分，在全世界範圍乃是最有錢、最有權的黨，還屬於"無產階級"嗎？

2013-11-17 17:09

魯迅確有缺點，但他始終是一個持不同政見者，始終是一個人格獨立的
文化人，始終是現政權的堅決批判者，始終是站在民間立場上不受官方
左右的學人，始終是專制主義和臣民意識的貳臣。──大陸知識界有人
想完全否定他，是因這些人在官場、商場和職場中苟活廝混，有魯迅
在，其卑劣之態暴露無遺。

2013-11-18 09:54

是時候了，每一個大陸的中國人都可以想想我們和北朝鮮有什麼異同？
我們是否要成為北朝鮮那樣的強大國家？我們為什麼要金毛之類的偉大
領袖及其後繼者？人民民主共和國意味著什麼？北朝鮮和韓國、大陸和
臺灣有什麼差別？等等。

2013-11-19 18:27

行政改革當從大學開始。原則古已有之：無為而治即大學獨立。方法世
皆如此：教授治校。改革不僅在挑戰固化利益，更在改變既有權力。只
提前者不提後者，不可能建立起真正合理有效的行政體制。國家體制現
代化之根本改變在分權及對分權的協調，而非在集權及對集權的維護。
此乃常識，不會不明，除非是別有用心。

2013-11-26 08:53

摳癢要摳到最癢處！中國教育最大的問題是：只有臣民教育沒有公民教
育，只有洗腦教育沒有醒腦教育，只有黨性教育沒有人性教育。

2013-11-26 21:30

說先有國民素質，後有政治改革，這話貌似有理，實則無恥。政治改革
與國民素質是相互推動的關係，什麼等到國民素質提高後再來政改，無
非是維護既有權利和既得利益的託辭。法國公約和美國憲法制定之時，
國民素質並非高到什麼程度。是民主制度造就了公民素質，看看二戰後
德國國民的變化就什麼都會明白。

2013-11-29 12:23

埃及亂局是暫時的，其民主進程自會鍛煉民眾並改變軍隊，這是相互推
動的漸進過程。激進做不好，但不進更做不好。政治改革人心所向，憲
政潮流滔滔者天下皆是，其誰能易之？

2013-11-30 08:59

中國統一靠什麼？一句話：民主統一中國！憲政統一中國！人權統一
中國！

2013-12-3 12:59

這個世界最偉大的政治家曼德拉去世了，讓人無限悲慟！中國為何沒有
這樣站在時代前列而能洞察時代、處於權力之顛卻能超越權力的英明人
物？理解曼德拉，你就理解中國和世界所需要的未來；理解曼德拉，你
就理解一個人應該怎樣做人怎樣成為一個優秀的人。

2013-12-6 08:30

向抗日英雄致敬！愛國從歷史真相開始。國共兩黨當以此為起點相互認
知，各自反省。反省專制罪惡而痛改前非；尊重各自為政所做的現代化

李正天《氣正道大》展覽與講座活動：李正天是70年代末早期前衛藝術代表人物之一，曾因公開反對專制宣導民主被捕入獄。被毒打命在旦夕，伺機逃跑時在火車上為人搭救。此人名黎展華，當時為列車長，現為廣州文藝批評家協會副主席。

努力。兩黨再加上其他黨之真正合作，只有放棄專制以實行民主，方是國人所望與長久之計。

2013-12-8 08:30

南非白人監獄不僅鍛煉出曼德拉總統，還培育出了祖馬總統——據說祖馬就是在監獄裏念的大學。曼德拉當總統時曾說他想回到監獄去，因為在那裏有時間讀書。一個有底線的國度，即使黑暗也孕育著光明；而一個沒有底線的國度，黑暗將漫無邊際。

2013-12-8 08:57

中國什麼時候能出現曼德拉那樣的政治家、薩特那樣的思想家、甘地那樣的實踐家、馬爾克斯那樣的文學家、博伊斯那樣的藝術家和霍金那樣的科學家？在自以為是的政治精英統治所有文化精英的時候，不僅真正的文化精英難以產生，真正的政治精英也難以產生。我們還剩下什麼？這個時代會剩下什麼？一個權和利勾結、一個霧和霾攪和、一個厚與黑、假與騙、怯與懦盛行的"幸福"的中國？

2013-12-12 07:50

在當今世界上，人權問題決非僅為一國內部事務，而是國際基本準則，是判斷國家合法與否的重要前提。極權者無權以國家名義為所欲為並逃脫罪責。朝鮮所為當全球共討之。支援三胖的真正用意並非戰略需要，而是同病相憐，旨在維護專制。

2013-12-15 10:39

維護現行體制反對政治改革者最難堪的事，就是金三胖不聽招呼肆意妄為，因為這讓中國老百姓看清了專制政權的結果：一國之民只為一家人或幾家人活著，讓你無時無刻不生活恐懼之中。

2013-12-15 11:00

民主的實質是權力分享和權力監督。多黨制就是在野黨監督執政黨，只是黨爭太過政府容易短見。一黨制並非沒優點，但易生極權與腐敗。必須三權分立特別是司法獨立，黨內有派且言論公開自由，如此形成法制保障與輿論監督。黨天下絕對不行，此乃東德和西德、北朝鮮和韓國的歷史教訓，不會因中國經濟發展而改變。

2013-12-29 14:00

一黨政府並非不對，只是再加上拒絕分權和與論一律，有點像小偷作為：你要小偷不偷，肯定不行，這是人家的專業；你要小偷監督自己，他只能作假作秀，作秀算是好的；你要小偷立法，他肯定說普世價值不行，要以偷為法方有中國特色。嗚乎哀哉！你只讓小偷一個人說，他還能說什麼呢？

2013-12-30 19:43

一黨政權如果拒絕司法獨立和言論自由，既不可能真正反腐，也不可能尊重人權。擺在十三億中國人面前的任務，是要制約與推動執政黨及執政者必須不可逆轉實行政治改革，實施憲政、民主與法制。政改方向只能是權力分化分享並逐步擴大，而不是從集權到強權再到極權。必須反對的口號是"一切權力歸蘇維埃"！

2014-1-12 17:53

魯迅揭示國民之弊，胡適揭示國家之弊，這是五四反省中國歷史的兩條思路。專制制度不再適合必然走向現代化的中國，而專制需要臣民，民主需要公民。除弊之路之於大陸剛剛開始。現代化一是經濟發展，二是民主制度，三是公民教育，三者缺一不可。根本問題其實只有一個：是逐步分權還是強化集權？

2014-1-16 09:08

經濟發展的根本是建立誠信市場，推動經濟發展並通過國家調節貧富，以解決民生問題；民主制度的根本是司法獨立，法治政府而非黨治法律及政治法律，實行黨政分家，黨法分家；公民教育的根本則是教育自主，脫離政黨重歸民間，以現代學校式教育方式與傳統書院式教育方式相結合，重建中國現代公民教育體系。

2014-1-16 10:00

中華民族的復興不是哪個政黨可以主宰的。它必須要有能夠真正直面真實的政府，必須要有民主法治培養的人民，必須要有民間自由自主自治的文化權利和教育機制。為促進這些條件的生成，每一個中國人都應該做出自己的努力。——如果要說責任感，這就是。從八十年代到今天，據說好幾代了，有什麼根本改變嗎？復興這個詞兒可用可不用，所謂中華民族無非是指中國。我的理解是中國應該在自身歷史基礎上成為現代發達國家。孫振華說得很對，不是向後復興而向前建構，但必須放棄向前革命的破壞。比如建構民間公民社會，就應該復興宗土信仰、家族觀念和社區習俗，使之適合於現代生活。

2014-1-27 17:19 分兩次發佈

中國人以家庭、家族、家鄉為本，源自原始血緣社會而至家國封建制度。其問題不在宗土歷史信仰所建立的價值觀，而在於血緣遏制理性，關係學取代法律意識。而欲望與關係結合讓人只講功利，由此道義不存、誠信不再、內心尊嚴幾無。改變只有一途：以現代法制改造宗法制，使社會關係真正建立在公民理性之上。

2014-3-2 07:49

中國講己所不欲勿施於人，講以理節欲克己復禮，然理之為理，今天當從統治之天理演進到個人之理性。這還不夠：黑格爾在欲望與理性的二元對立中還有一個概念至關重要，那就是"激情"。激情之謂乃自我判斷、自我肯定、自我尊重之內心生活，是激情讓欲望與理性得以轉化和統一。此乃人之尊嚴，不可不察。

2014-3-2 08:08

對極權主義的批判，並不否認民主和專制是現代社會的一組矛盾。民主是考慮權力如何分享，如果你要掌權，就要有選舉民主，授權或不授權，這是掌權的合法性問題。凡掌權都有某種專制，公司管理如此，政府管理也是如此。非如此責任無法落實。但專制必須有監督機制，否則專權者必至濫用而生腐敗。監督機制可來自反對黨或反對派及獨立司法和媒體自由，唯獨不能自己監督自己。我們所說的協商民主必須以選舉民主為前提、以民主與法制共生的監督機制為前提，方有合理性。在民主化社會結構中，行政專制與協商民主完全可以互補：一是有助於決策的正確性；二是有助於人際團結而不至於造成族群分裂。

2014-3-14 08:38 分兩次發佈

"議會制多黨制在中國被證明行不通"——說說為什麼？是那制度不好？還是時運不濟？還是實施的人有問題？社會主義對西方是福利社會，對中國是極權社會，這是為什麼？這不就是民主多黨議會制和一黨專制集權制的區別嗎？中國不是什麼社會主義，而是國家資本主義和權貴資本主義。

2014-4-2 11:20

臺灣學運表明，大陸一黨專制以經代政、以利取民的統一策略並不能誘惑臺灣民眾放棄民主訴求。這是臺灣執政者必須考慮的前提問題，只有"三民"主義統一中國確乎可行：民族——中華民族；民生——人民福祉；民權——民主憲政。向正在走向真正民主、法制和成熟公民理性的臺灣民眾致意！你們是中國的希望。

2014-4-4 12:26

城裏人都怕堵車，只有賣車上用具的小販喜歡。堵得越嚴重，他們越能做點小生意。在這個擁擠的世界上，人各有各的活法，社會生活中的生態鏈有時候是很奇特的。所以城市空間不能整齊劃一，必須留有餘地，讓那些邊緣的人、困頓的人尚有生存之機。城市的偉大不是一片繁華，而是人人可以生存且有平等競爭的機會。

2014-4-19 16:26

韓國總統朴瑾惠提出以民主主義和市場經濟統一朝鮮，實乃有魄力有遠見的政治家。現在中國海峽兩岸領導人只提一國各懷鬼胎，都是因為要維護眼下政權及政黨利益，而非以國家、民族和人民長遠目標和歷史訴

春節收到的禮物：一個老朋友發來他保留了25年的照片，看看原來是我。想當年還這麼年青過，瘦點兒，但有點酷也有點帥。重要的是地點，重慶兩路口街心，當年重慶唯一保存的高杆交警亭上。在幹嘛呢？在說話；說什麼話？——這老早就反復過堂問過了。朋友還是老的好，照片也是，哪怕它已發黃。這就是歷史。

博洛尼亞市中心廣場，教堂對面是老市政廳，宗教權力與政府權力。但正面兩幢建築則代表大學，知識權力。博洛尼亞是歐洲最早建立大學研究法律和醫學的城市，時間為1088年。也是歐洲最早解剖人體的地方，故博洛尼亞藝術學院很有名，著名畫家莫蘭迪就是這裏人並在藝術學院任教。

求為重。中國之統一必以民主共和與市場經濟及在此基礎上的國民尊嚴和國民幸福為本,為何不敢言說?!

2014-5-2 07:48

共產主義的確很好,但因為不可能而成為欺世大謊;社會主義不是不好,但假社會主義不僅不好而且極壞;資本主義的確好不到哪里去,只是迄今為止不得不用它;民主主義絕非最好,但起碼比極權主義人性化;專制主義並非一無是處,但必須限於局部範疇,一旦用來結構社會,則國中無人也。

2014-5-4 23:12

用民主在形成過程中的脆弱性,如埃及、泰國、烏克蘭之所見;用民主體制存在的問題,如歐洲福利制度和美國選舉捐款——總之,用民主的不完美來否定其必要性,來證明極權的合法性,根本不能成立。民主為人亦如人,有自幼成人的生長期,有成人之後的優劣。但為了每個人有尊嚴地活在當今世界上,民主是必須的。

2014-5-7 10:48

有一年,四川美院民盟的頭兒來我家,動員加盟。說民盟都是高級知識份子,很受尊重。如最近設立打狗辦,副主任就是盟員。愕然!他拿出介紹民盟的書,翻開前言,上面寫著民盟在文革中遭受重創,然而在××黨領導下再獲新生。大愕!!難道文革是國民黨蔣介石發動的麼?雖民主同盟四字誘人,但終未參加。是為記。

2014-5-8 22:17

大凡以社會主義名義建立的國家，在共產國際和史達林主義的影響下，都未曾建立也不去建立公民社會。國民既是臣民而非公民，一旦遭遇政治民族主義煽動，即為暴民。越南最近對中韓等外資企業之打砸搶燒，就是一黨專制體制埋下的禍根。這個世界的確需要反省真的資本主義，但更需要的，卻是堅決反對假的社會主義

2014-5-19 08:40

言論自由是公民起碼權利。這是條界線，線下是專制、極權、君主統治的臣民，線上開始走向自由、民主、公正。中國必須立"公民言論自由法"，讓上下對言論自由有共識有依據。讓壓制破壞言論自由之人受限受懲，讓借一己言論自由損害他人自由和他人利益之人受限受懲。沒有言論自由就沒有國家和人的現代化。

2014-6-1 08:42

六一兒童節是為紀念被法西斯殺害的孩子而設的，記住極權政治和專制主義對人類的傷害。二十世紀最偉大的勝利不是科學，也不是工業，更不是思想，而是兩個暴君──希特勒和史達林──及其它暴君的複滅。在他們之後，在世界範圍，任何暴政不再具有合法性，哪怕是借著國家主權和愛國主義的名義。

2014-6-1 08:56

70多年前關於中國現代化及政制的大討論，值得重讀。比如吳景超提出三個問題：中國現在是什麼政制？我們希望有什麼政制？怎樣能實現希望的政制？第一是事實問題；第二是價值問題；第三是技術問題。當

然，這些問題的背後是權力和利益的分配與再分配問題，非紙上談兵可以解決。

中國現在是什麼政制？一黨專制。這是事實。我們希望有什麼政制？公民代議制。這是訴求。怎樣能實現希望和訴求？第一是通過立法制定線路圖（讓人民有實現民主訴求的希望）；第二是通過立法保障和擴大公民權力和培養公民權力意識（實行言論自由與教育獨立）；第三是通過立法逐步實現和擴大公民選舉權與監督權（比如城鄉及不同文化層暫時有別、比如從異見派到反對黨等等）；第四是通過立法管控和改變阻礙民主、保守專制的現有權利關係，向更趨合理、更趨平等的權利共用政制格局過渡。從中可見，中國政制改革中法制乃樞紐，關健之關健在於司法脫離政黨而獨立。

2014-6-10 10:17分三次發佈

世上有反人類罪，為何沒有反自然罪？人類乃自然之一部分，反自然即反人類。各國環境保護法，一般只懲處企業與個人，無礙政府破壞生態的行為。聯合國應推動立法，像反人類罪一樣，把大規模破壞人類生存環境的行為定為反自然罪。讓執政者心存畏懼，不至於肆無忌憚求發展，以至讓地球毀於那些可惡的政治。

2014-8-11 10:05

今天要感謝蘇格蘭人和英國政府用和平的方式解決主權紛爭問題。民族國家並非每個民族都要建立獨立國家，不同民族可以在同一國家中保持自己在文化傳統、民族事務及人權等方面的獨立。分與合的抉擇來自公開公正公平的民意。想起蒙哥馬利以風笛、格子裙軍樂隊進入柏林，向蘇格蘭人的優雅和英國的紳士致敬！

2014-9-19 16:26

不改集權專制只造民主假像，不是進步而是欺騙。民主制度的建立的確有一個過程，在此過程中警惕激進主義與革命空想實屬必要，但漸進需有方向與步驟，需有實質性的權力分享，需有法律來保障憲法人權的真正實施，並有法律來制約和懲處那些違憲或對憲法人權不作為、假作為的掌權者，不然何談民主？

2014-10-2 08:39

階級鬥爭來自馬克思對資本主義前期社會分裂的局部認識，經恩格斯放大為有史以來的真理，列寧作為奪權和極權的根據，到毛引申至掌權後的不斷革命，釀成了二十世紀俄國、中國乃至世界的大災難，如柬埔寨就被殺掉了四分之一的國人。階級鬥爭不過是野心家上臺的藉口，他們奪權不會平權，殺富也不會濟貧。

2014-10-7 22:20

今天的中國，不需要夢想，只需要目標；不需要革命，只需要法制；不需要獨裁，只需要民主；不需要臣民，只需要公民；不需要階級鬥爭，只需要平等自由；不需要紅二代，只需要職業政治家，哪怕是有家族傳統的職業政治家。

2014-10-8 09:59

網路是言論自由的空間，亦是恐布主義的溫床。民粹主義和"群眾專政"只能說明素質低下，恐嚇和辱罵只能證明人格下作。

2014-10-15 12:51

中央集權並非不好，研究政治秩序的著名美國學者福山就認為這是最好的選擇。但與之相應的是透明的法律制度與公開的民意制約。中國有中央集權傳統，進入現代國家當然離不開法治，但法治掌握只是從上到下，與代秦法家無異。必須要有公開的制度化的民意制約，方可使法治透明化，這才是中央集權合法化的關鍵。

2014-10-28 11:43

要讓愛國主義不至使人難堪，只有一條，就是拒絕集體自我之名。想想個人及家庭對這個國家的記憶，想想個人經歷和這個國家的關係，想想個人理想在這個國家有無可能，你已深具愛國之心。當你害怕這個國家而不得不"愛"它的時候，這個國家拋棄的正是你。──如果一個國家只需要人民而不是你作為一個真正的個體公民。

2014-12-1 07:44

三輯：當代藝術何為

德國國防部長古騰貝格因抄襲論文辭職，匈牙利總統因抄襲論文也辭職
了──官員和學者做假，代表一個國家、一個民族的墮落。建議中國公
佈省部級及以上官員學位論文，看看該辭職的有多少，打假要從中央開
始。另外，號稱專家學者特別是世上名人，凡屬文抄公，必當共討共逐
之。非如此難以重建中國誠信。

2012-4-8 10:21

四川美院所在地黃桷坪，最有特點之處，是一定程度保留著非體制與民
間性，且城市生態自發而豐富。美院在此得天獨厚。進入大學城，不僅
生態改變，更要命的是體制一統。要知道中國大學屬官方不屬民間，美
術學院也不例外。

2012-4-9 14:36

藝術最重要的方面是對個體精神自由的培育與尊重，不僅是對自由的表
達，而且就是自由表達和表達自由本身，所以藝術必然成為對公民自由
的召喚。藝術以生成自由的方式召喚自由，也就必然成為與專制政治博
弈的文化力量。正是在這個意義上，我們說藝術是一種文化政治。
教育部可以屬於官方，但只能是支援大學自主發展的服務機構，應該改
名為；教育服務部，裁減人員百分之九十。還教育于民間，還自治于大
學，才有中國教育的出路，才有中國文化復興的出路。大學官方化，官
僚化，官場化乃是中國大學的癌症，必須切除，放療，化療，中西醫結
合治療，方能有所改變。

2012-4-24 分兩次發佈

教育部幹了幾大壞事兒：一，搞二一一工程，讓好多名牌大學不復存在，比如中央工藝美院；二，搞本科教學評估，實為全國大學造假運動；三，招收藝術專業書法，雕塑，繪畫博士，弄得藝術院校不知幹嘛；四，硬性要求大學博碩比例，讓大學師資全面走向八股化。

2012-5-11 21:21

藝術院校就是一可以拿文憑的場所，場為貴，文憑次之，所為輕。為什麼？場者氣場磁場，體制內不行體制外補，老師不行同學補。文憑這玩藝兒本來沒什麼用，但大家都想要，父母、同齡人、用人單位，還有婆子媽丈母娘，但有無妨。"所"字兒不好說，反正高中高考太壓抑太鬱悶，進了大學就像是尿急進了便所，撒罷！

2012-5-24 21:55

去年做威尼斯雙年展平行展，想找一家非贏利藝術機構去申報，結果國內民營美術館拿去都不行，只好找了廣東美術館。不盈利不等於非營利，後者指的是一開始就不打算贏利也不能贏利的公益機構。這就像中國的民辦學校，宗旨公益，想的全是賺錢。公辦的都想賺，更何況私營。孔老二如今早成孔方兄了，還談什麼非營利。

2012-5-25 17:58

中國美術界十大謊言：官員出場講繁榮，開幕式上說讚賞，海外展覽很轟動，美協活動評大獎，拍賣會後有高價，媒體公諸排行榜，政黨話語近現代，歷史敘事錢買斷，當代藝術合法化，廿一世紀屬中華。

2012-6-2 08:28

重慶大學城入口處，因為薄熙來之所好，銀杏樹葉比蒲扇還大——這也名為環境藝術。在中國一片樹葉尚如此政治化，你還說你是純藝術及其"家"，豈不可笑？在今天的中國，藝術或挑戰政治文化，或構成文化政治，不然你還能幹什麼？從賣藝到賣身，連最重要的器官——心都賣掉了。還是回頭想想，中國當代藝術是怎麼開始的吧。

2012-6-11 16:19

圓明園畫家村、昆明創庫、貴陽城市零件是不同時期民間自發創建當代藝術群落的樣板。當代藝術是重建中國民間文化權力的重要力量。當代藝術不能在兩個革命口號中再次蛻變成政黨工具：一是"支部建在連上"；二是"一切權力歸農會"。有這兩條，民間不再，或者只是文物，或者只是受眾，甚至是跑馬場。

2012-8-1 12:24

威尼斯日記：7時許，威尼斯的清晨。我們所住公寓的小街，小巷，出來二十步的小碼頭，對面是哥根海姆博物館。碼頭無人，只有水浪聲和海腥味，一隻鴿子在旁。牆上聖母像，前面有植物供奉。

2012-8-15 13:44

威尼斯日記：我很喜歡在威尼斯做展覽，很累，也很麻煩，但很愜意。當地人知道什麼是好東西，什麼是真藝術。不像在其他地方，比如北京，大多是操控、操作、操蛋、操娘的結果。

2012-8-15 13:55

威尼斯日記：教堂晚鐘響起，回蕩在大街小巷。微風拂面，暑熱消散，遊人匆匆歸去。唯斜陽如金，細心塗抹那些古代建築的老牆，仿佛不忍它們在時間流逝中衰敗。

2012-8-15 23:40

威尼斯日記：臺灣出名靠花錢，大陸出名靠收錢——艾未未去年被抓，政府不收了1千多萬稅的罰金麼？"臺灣海峽兩邊的中國人都認為只有一個中國"，但各有各的招數出名。

2012-8-17 18:26

威尼斯日記：從學術橋過來，經過廣場，轉向去聖馬可的小巷與小橋，便看到一塊教堂前的空地。時有情侶閑坐。如果他們起身河邊，同去碼頭，又見碧天麗陽白雲藍水。吹吹海風但往回走——且慢，看似無路處，若低頭鑽進過街樓，原來是一條僻靜小巷。2718號，開門見水，幽然有光，這便是我們住的公寓到了。

2012-8-18 00:03

西西里日記：西西里，古希臘女詩人薩福流放的地方。首站巴勒莫。黑黃色的山石，墨綠色的點苔，自然景觀厚重而明麗。瑪西姆歌劇院在市中心，廣場旁的咔啡館樹蔭濃密。發現旁邊的一個售貨亭，很象亞洲的亭子。一條大狗憩睡在門口，就象旁邊的員警，無事可幹。

2012-8-18 16:30

西西里日記：晚上去了海濱小城莫迪洛，漁鎮和浴場。有小孩沙灘戲水，浪人桌前奏琴。入夜的風很涼爽，人很興奮。這裏海鮮飯很好吃，就是鹹點硬點，正好細嚼慢嚥，反正你也不想走想多坐會兒。這不，旁邊的空地，搖滾樂隊上場，就著山海背景和濤聲開唱，這有多好，歐也！

2012-8-19 20:24

西西里日記：山上有座摩瑞裏城，城裏有座多摩教堂。14世紀建造，樸實而壯觀。而到巴勒莫皇宮，見到禮拜堂則是另一番景象：華麗而輝煌。再去山頂岩洞教堂，哦呀，奇特而又奇特。

2012-8-19 20:54

西西里日記：去神廟穀的路上，當過歌手的司機建議我們去一個路邊酒吧稍息。好的，他一定知道喝咖啡的好地兒。果然不錯，特濃特香特醇特帶勁。咖啡屋的後面是一片原野，西西里的鄉村，遠處是廢棄的城堡，古希臘、北非、西班牙、義大利多種文化在此交集，歷史如這裏的咖啡一樣豐厚而綿長。

2012-8-20 17:28

西西里日記：西西里的鄉村形態豐富，有的如荒原，有的很田園，山巒起伏，一望天邊。仙人掌總在路邊，開花結果，把乾旱和豐盛結合得很好。就像這裏的人，把野蠻和浪漫、人情和歷史融在一起，變成待人的微笑與熱情。

2012-8-20 21:36

西西里日記：阿格裏琴托。神廟穀。最高地。豔陽天。朱諾神廟的殘柱高聳如雲，在稀有的樹蔭下歇息，突然想起凱撒大帝馬車奴隸說過的話：榮耀總是會過去的。——不要過於迷戀偉大，也不要過於崇拜偉大，更不用說那些本來就不偉大的東西，比如政黨、官僚、明星——特別是靠金錢得意而忘形的藝術明星。

2012-8-20 21:53

西西里日記：阿格裏琴托城建在山上，遠看很象重慶似的山城。待會兒游完神廟穀，再鑽進去看看是個什麼樣子。沒來的時候，都說西西里危險。我看是有權有勢有錢的人造出的輿論。司機跟我說，這兒比米蘭安全。黑社會、黑手黨恐怕遠遠不如中國發達哩。

2012-8-20 22:09

西西里日記：阿格裏琴托的感覺很象聖馬尼洛，但沒有聖馬尼洛那種旅遊化。這裏的一切原本如此，就是西西里一座城市的生活。但在外人眼裏，它是那麼自然、優雅，有人情味。將近午夜時分，走在石塊路上，看著來來往往的居民，只覺得這已是我們久違的生活——中國人這幾十年把最美好的東西都發展得不知去向了。

2012-8-21 15:53

西西里日記：西西里核心幹道，有一段是以松樹為行道樹。這裏松樹很豐滿，沒有艱苦奮鬥的模樣。這條道建在古羅馬驛道上，多拐幾個彎，少打幾個洞，讓人總在重溫地理歷史，凱撒的軍隊走過、西班牙的軍隊走過、拿破崙的軍隊走過、巴頓的軍隊也走過。——不像中國之路，全是新的，筆直，只講快捷不講歷史，只要政績不要文化。

2012-8-21 21:57

西西里日記：黛娜希妮，巴勒莫邊上的海濱小鎮。大山與大海育成，陽光豐盛之地。居民生性熱情大方，餐館送了菜餅還送唪啡。下午四點半商店開門，八點半結束。海邊沙灘在岩石邊，看得見清湛的海底。聖母教堂廣場上，正在搭建音樂會的舞臺。可以想像入夜的生活，而這個時候，夕陽正準備著她最後的樂章。

2012-8-22 02:19

西西里日記：烏斯提卡島。船一靠岸，就有一哥們兒免費送我們到教堂廣場，給他小費也不要。他家開餐館，老媽掌權。義大利女人都很能幹，男人都能唱歌。真好！

2012-8-22 17:02

西西里日記：西西里到處可見仙人掌，開著花兒，結著果兒，上面飛著小蜜蜂，飛呀，飛呀，飛到花蕊去打幾個滾，然後哼著小調兒回家。──仙人掌，旱地的男子漢，西西里之花。

2012-8-22 19:14

西西里日記：烏斯提卡島很本色，很質樸，旅遊勝地但不特別商業，不象更有名的卡布裏島。我們是遊船上唯一的中國人甚至亞洲人，在餐館吃飯時，老闆告訴我們，很多年以前來過一個香港團。大家應趁早來看看。中國旅行團來的一多，就沒那麼天然、可愛了。──真奇怪，中國人不是很崇尚天人合一嗎？

2012-8-22 20:32

西西里日記：西西里是大海和火山生成的，所以這裏的男人很強健，時常看到如角鬥士般的壯漢。女人個兒不高，豐滿如葡萄酒杯。很能幹，旅社餐館既是店主又是跑堂。性格都很豪爽，愛說話，好溝通，凡事兒皆可商量。遇到的司機、老闆等等，只覺眼神明亮、心氣平和，想像不出跟黑手黨的"黑"字有什麼關係。

2012-8-23 14:44

西西里日記：也許是因為磁場的原因，在這裏總想睡覺，也很能睡，還很會做夢，做各種各樣的夢。難怪義大利人這麼浪漫，這麼隨性，這麼有魅力。夢是不由自主的，你會遇上很多過去的人，貝阿德妮采、蒙娜麗莎、茱麗葉等等，還有天上掉下的餡餅和霜淇淋——前者在此叫義大利比薩，後者可是西西里的發明。

2012-8-23 16:19

西西里日記：司機安東尼奧帶著我們逛巴勒莫老區，大開眼界。有不少老街，或是皇室大道，街頭有諾曼王朝皇帝的塑象：或是民居小巷，曲折宛轉很有情調。在市政廳背後的聖塔卡特裏娜教堂，16世紀始建，巴羅克風格，十份堂皇，特別生動。畫可以在畫在框外，有一個小天使還吮著小指頭。走遍歐洲，還沒見過這樣的。

2012-8-23 20:09

威尼斯日記：一覺醒來，走出公寓，天還是那麼淨，水還是那麼清，街巷還那麼熱鬧，遊人還那麼匆忙。威尼斯一旦多住幾天，便沒什麼太多吸引人的東西，這兒畢竟太商業、太旅遊了。難怪威尼斯要做雙年展、電影節。城還是那座城，但藝術常新，年年不同。──中國城市不一樣，藝術沒什麼變化，城卻變得再也不是那座城了。

2012-8-25 13:14

威尼斯日記：在威尼斯一定要住公寓不住賓館，不獨因為貴賤，而是公寓在居民樓，往往深入小巷中，有很多非觀光客可得的體會。你可以去超市買點東西，自炊中國餐；也可以洗洗衣服當街掛著，看成是個人的中國旗。最愜意的是入夜後，提一瓶酒，帶一盒煙，去旁邊的小碼頭坐著，吹吹海風，望望明月，讓睡意抑或詩意悄然而至。

2012-8-26 17:20

威尼斯日記：今天威尼斯建築雙年展臺灣館開幕，突然天上雷聲滾滾，雨滴淅淅。心想臺灣怎麼這麼不幸啊。冒雨出門，還買了兩把傘，終於趕上了開幕式。出得門來，突然發現天氣放晴，威尼斯天空居然這麼美。有很多人來過威尼斯，比如拉斐爾等等，但他們未必見過這樣的晚霞，這樣美麗的奇景！

2012-8-27 04:31

威尼斯日記：住地出來有個廣場，是去學術橋的必經之路。在拐角處有個商店，很特別，櫥窗通明，就是不見開門。牌子上寫著：some time open。裏面的東西稀奇古怪，很吸引人，有武士穿著金色內褲，有骷髏杯長著雞腳，遊客都往裏面瞅。昨晚終於開了門，店主竟然是兩個老太婆。哇噻，該不會是1968學生運動的遺產吧？

2012-8-27 17:40

威尼斯日記：建築雙年展香港館：位置極佳，就在主場館入口對面。展場佈置像一個手工工廠，有不錯的建築模型，仿佛剛剛做好。播放的影像是出租司機，窗外自然是香港城市景觀。還不錯，可以看的。

2012-8-27 23:43

威尼斯日記：建築雙年展主題館：主題——共同基礎。場館支撐——建造大型臨建、裝置及構築物，可謂建築中的建築。內容呈現——借助各種各樣的影像及投影方式，作用是虛實結合，吸引眼球（中國館弄點LED燈和鐳射燈，太過小氣而無現場份量感）。

2012-8-28 21:21

威尼斯口記：在官員只講政績以求晉升和權力通過暗箱成為資本的情況下，中外建築師在中國的業務競爭，都擺脫不了官方的掌控。中國建築問題不是建築師如何設計有"中國特色"的房子，而是如何改變現行體制。第一是黨政分家，並黨外有黨，黨內有派；第二是強勢政府減弱，成為受納稅人監督的服務性公益機構。

更為重要的是：在1949年以來，政權結構中，中國民間完全喪失了自發、自治的文化權利，政黨政治當然是一黨政治，深入城鄉每一個角落。民間或者遭遇諸如文化大革命那樣的文化大破壞，或者遭遇改革開放以來官方強制性、專制性現代化發展對民間生活方式及其文化形態的摧毀。

傳統建築文化精華是在民間自然產生，逐步生長，不是哪個建築師設計出來的。這是一個歷史過程。建築的現代化，在民不在官，也不在建築師的知識權力，更不在為名為利，爭業務搶生意的所謂建築家那

裏，而在民間自主、漸進的適應和改變。政府和建築師之責是因勢利
導，幫助、服務以推動這一過程。

　　建築師的眼睛全盯在政府招標專案上，經過層層盤剝的建築工程連
基本品質都得不到保證，還談什麼繼承、發揚中國建築文化！建築師大
多為瓜分改革開放的蛋糕，乃是中國建築文化破壞者和中國建築問題製
造者。試問有多少人在思考傳統民居如何轉變為適應現代生活需要又保
留各地文化特點的建築樣式？

　　對於城市而言，建築師單個建築設計好，固然很重要；更重要的，
乃是原有街道結構和社區關係，這是城市歷史的關鍵。建築總是要損壞
重建的（當然要盡可能保護歷史），但街道結構和社區關係一破壞，對
居民而言就不再是原來的城市，家園不復存在，中國大拆遷不光破壞建
築形態，而且毀滅城市記憶。

2012-8-29 分五次發佈

威尼斯日記：建築雙年展主入口通道上，居民曬的衣物照樣掛著，樓下
的餐館照樣開著，老百姓的生活絲毫不會受到干擾。──想想中國，一
個奧運會，一個世博會，一個亞運會，把北京、上海、廣州折騰成什麼
樣子！為什麼我們的政府就忍不住，一定要折騰人呢？

2012-8-30 00:22

威尼斯日記：建築雙年展奧地利館：入口處讓人弓著腰轉彎抹角地進
入，裏面卻很開闊，很單純。滿室牆面的影像，大氣磅礴，舒緩而悲戚。
參觀者可旁觀，亦可介入其中。在這次見到的影像中是做得最好的。

2012-8-30 16:52

阿格裏琴托。神廟穀。最高地。豔陽天。朱諾神廟的殘
柱高聳如雲，在稀有的樹蔭下歇息，突然想起凱撒大帝
馬車奴隸說過的話：榮耀總是會過去的。──不要過於
迷戀偉大，也不要過於崇拜偉大，更不用說那些本來就
不偉大的東西，比如政黨、官僚、明星──特別是靠金
錢得意而忘形的藝術明星。

山上有座摩瑞裏城，城裏有座多摩教堂。14世紀建
造，樸實而壯觀。而到巴勒莫皇宮，見到禮拜堂則是另
一番景象：華麗而輝煌。再去山頂岩洞教堂，哦呀，奇
特而又奇特。

威尼斯日記：建築雙年展加拿大館：這是館內外結合做得最好的一個館。外面是木頭裝置引入，內部包括地面均是方木構成，或如城市高樓林立，或是鏡內變形成像，中間點綴少量金屬彩色模型，渾然一體，蔚為壯觀。

2012-8-30 17:07

威尼斯日記：建築雙年展美國館：美國館的東西都可以動手。外面的紅方體可以搬到旁邊去坐，小孩可以搭積木。裏面全掛的圖片，其形如中國常見的掛曆，但每一幅都可以從上拉下來慢慢看，放手後自動彈回。好玩但稍嫌簡單，老美有時候也很膚淺。

2012-8-30 17:17

在上海周圍藝術畫廊《中國透視─張湘溪作品展》主持微形研討會，參加者六人：我、作者、吳亮、楊劍平、王南溟、李曉峰。挺好，人少，談得很深入。張湘溪作品本來就很微觀，很小型，很仔細，但以小見大，可以引出很多問題。比如電視機內很微型的製作；洗衣機內四合院及伸下去拍見的房間佈置；韓熙載夜宴圖拆解為人物、環境和傢俱；清明上河圖一幅空無人跡，一幅橋已拆、樹被砍等等。

2012-9-12 17:27

西安為何會在燒車事件中名列前茅？很值得反省：這種事兒往往在集體主義意識特別強烈的地方出現。從西安藝術界就可以感覺到，這裏傳統成了一個集體口號，並以此綁架和要脅個人。傳統在今天之所以有意義，是因為個人可以自由的、創造性的和傳統構成某種關係，重新利用、闡釋、啟動傳統，給他人以啟發。

2012-9-16 15:48

熔點——2012西安當代藝術作品展，是西安本土重要的當代藝術展事。展覽很有品質。作品不再糾纏于傳統，而是另闢蹊徑，介入當下生活與藝術現場。其多樣、個體的藝術視野和沉著、平實的創作心態，說明這裏有一批很有希望的年青人。支持他們，給他們更多機會，西安當代藝術就起來了！

2012-9-23 10:29

雕塑位置重慶機場航樓前。原為川美教授作品，空中彩帶，與"歡迎"單詞打頭字母W似形。薄熙來來渝，一切服從朕意，機場雕塑還能不重來。看這玩藝兒，誇張，放肆，衝動，旗飛獸突，極像北朝鮮金王朝治下城雕。——這也是中國政客擺設之一絕，留下來是一段歷史紀錄。要不然，重慶人將來索賠無路。

2012-9-25 08:43

去年宋莊會上，地產商規劃宋莊，要徹底產業化。宋莊因何而起？因崔大爺、胡介抱等接納貧窮藝術家聚居而起。抽掉這個基礎，宋莊沒矣！我曾說過，宋莊應在村頭豎一碑文：把那些顛沛流離、窮愁潦倒，無門可投，無處可去卻不棄藝術的人送到這裏來吧，宋莊高舉起藝術理想的明燈——宋莊在危險中，救救宋莊！

2012-10-1 08:12

所謂文化，就是人做了事兒還要去思考並且想把它傳給後人。

2012-10-2 17:17

馬一平堅持用構圖的眼光去看對象，對張曉剛終身受用，很對。但不能
類推所有人，因為除了構圖的眼光，還有色彩的、光影的、造形的和抽
象的眼光。正確的構圖並非繪畫的一切，更何況不正確的構圖或可因不
正確的構形而變得正確。負負為正之理乃繪畫、藝術、人生之理。傅立
葉說，婚姻中的兩個不道德就構成一種道德。

2012-10-13 22:18

2012.8.28第13屆威尼斯建築雙年展日刊國家館報告對中國館的報導：
"中國現在是世界上非常大的建築實驗場，但中國館的作品卻比較間
接。其中有發出亮光的作品，有三層磁片的作品等等。他們的場地在航
運船塢旁邊，巨大的機器很有特色，外面的花園長滿樹木。但展覽相當
混亂，沒有好好考慮環境條件，顯得十分粗心。做得那麼的糟糕，這是
我們沒有想到的。"──中國館策展人受制極大，應該談的是：為什麼
沒做好？為什麼做不好？而不要忽悠國內讀者。用一套所謂東方文化的
陳辭濫調，適應官方意識形態的民族主義文化需求、此即中國館策展人
的機會主義策略。

2012-10-21 12:02

追求成功沒錯，但以成功為學大謬不然。藝術乃發乎本性本心之為，一
旦以藝為術，則藝不存焉。相信投機操作可以成功、搞偏方走捷徑可以

成功，已如鴉片入侵"川軍"，青年人受損尤甚。成功學與學院派結合，正在使川軍變成資本奴隸、市場僕從。當心呵，錢這玩藝兒！

2012-11-1 08:07

造假必須追究，不能原諒，歷史要保留最後審判的權力。上天造物、上帝造物乃真實之源。造假所違乃上天之意與上帝之願，除非自己悔過滌罪，洗面革心，否則，絕不可原諒。不然，世間無真可言，無誠可申矣。

2012-11-1 13:34

陸蓉之封筆之作無法恭維：不加選擇的卡通展，除了人數眾多並無意義可言。為裝點門面，拉些本與卡通無關的"大腕"入夥，實在令人噴痰。威尼斯展覽佈置如賣堆山，未來通行證不過是未來名義的雜貨攤。展兩幅不足1平的畫，居然要價20萬。別了，陸女士！卸妝之後，反省一下您在大陸的作為罷。

2012-11-2 09:25

"批判"一詞有三種理解：剛性的理解就是揭示問題，因為要揭示就要反對掩飾和遮蔽；中性的理解就是分析問題，以理言事，不管說好還是說不好；柔性的理解就是發現問題，看得到別人沒看到的問題，這是目光敏銳思想獨到的結果——批判就是一個人出於道義、良知和責任，敢於直面問題。

2012-11-20 15:18

近聞朱新建病重，心中戚戚。想當年朱兄來川美看我，見面劈頭就問：川美離機場這麼遠，的士花一千多？方知他直接飛去四川成都，出機場

打車便走。兩人大笑不止。朱兄一攤手，沒錢了，咋辦？畫畫吧，我
買，我找人來買。買者送一，只簽名不蓋章。想朱兄為藝灑脫如此，怎
能病了呢？好起來吧，吾兄新建！

2012-11-21 07:11

歷史是不能忘記的：歷史不會因為書寫的主觀性、個人性和多樣性而失
去真實性要求。一幫機會主義者正是在這一點上尋找藉口改造歷史，把
藝術史變成操作史和市場史。就其思想方法而言，和官方完全一致。著
史之根本在發掘、揭示、陳述史實，所有闡釋方法無非是從某種角度儘
量接近真實。

2012-11-21 07:27

什麼是當代藝術？對中國教育不管是抱怨還是憤慨，不管是沒法還是無
奈，既然身在學校，名為人師，就要做一點對得起內心道義、教師職守
的事情。眼前的學生不能等，不能浪費青春去等待賢君明主一道聖旨。
從自己做起，從現在做起，從實事做起。牢騷歸牢騷，呼籲歸呼籲，批
判歸批判，所有為師者行動起來！

2012-11-23 07:13

當代藝術存有問題意識；當代藝術對既成既定之規具有異質性；當代藝
術不傾向樣式化；當代藝術重當下性與現場性；當代藝術強調物性與物
感；當代藝術不拒傳統並啟動傳統；當代藝術汲取大眾文化資源改變精
英至上；當代藝術技藝夠用為止難以集體化系統化；當代藝術是文化學
和智慧論的⋯⋯

2012-11-23 16:49

當代藝術還可以說：藝術不是"什麼"。因為"什麼"總是體現為既有知識作出的判斷，而當代藝術恰恰不是這種判斷所規定的那個"什麼"。

2012-11-23 17:16

六、七十年代中國人在毛澤東以階級鬥爭為名、實施獨裁政治的淫威下受苦受難受迫害之時，西方反體制的學生運動有不少人崇拜毛的大眾思想。殊不知毛所謂大眾不過是借窮人仇富之怨奪取政權，假民眾均平之欲實施專制，與西方釋放個性、維護自由的反叛運動南轅北轍。因為年輕時有此誤解，至今改不過來，在西方尚有人在。

2012-11-23 18:45

一個人作講座，聽眾可以分析、考察、認同或反駁他講的東西，也可以質詢、疑問其講出的東西有無問題、有什麼問題。講演人應對己之所講負責，不對推測之所謂"心裏想什麼"負責。如果有功力知道別人心裏想什麼，就說出來吧，既然您認為有必要知道。

2012-11-26 07:31

吳冠中"知識份子的天職是推翻成見"這話說得不錯。編《吳冠中全集·九卷·吳冠中談藝錄》時，從他幾百萬字文章中挑出這句話作為該卷前言標題，後來吳冠中把它用於全集序中，還專門手書一幅。斯人已逝，今方得見，記憶猶存，世事依然，心中一聲長歎……

2012-11-27 11:18

四川美院老校區所在黃桷坪，常能看到坦克或裝甲車。這兒附近有兵工廠，火電站，火車貨場，集裝箱碼頭和各種轉運倉庫。除了美院，還有電技校，鐵路中學。更不用說各種職業，各色人等，此乃小攤販的樂土，老闆娘的天堂，棒棒軍的宜居之地──只可惜美院已不知其乃藝術發生之地也！

2012-11-27 11:43

"從西南出發"無非是說這裏是很多藝術家生長之地，他們的藝術成果成就跟西南地域性有些關係；西南在當代藝術中的重要，是因為這裏是策源地和富集區；其深層的原因是：天高皇帝遠，這裏相對自由點。而且這裏的人有師徒情結，願意下一代出頭，盡力推動而較少壓制。

2012-11-29 00:14

學術者，天下之公器也。學生質疑老師，是應該的。現場及時反應固然必要，但長期認真研究更為重要。

2012-11-30 07:13

九大美院校長們應該起訴教育部，從本科評估到專業招博，讓中國藝術院校師生作假、造假、縱假、飾假，破壞了藝術最需要也是最起碼的品質：真誠──真和誠，沒有真哪來誠，沒有誠何以真，沒有真誠哪來藝術?!哪來教育?!

2012-12-2 08:41

現在中國大學校園包括藝術院校充斥假打作弊之風，院校長們絕不會不知道。打假從哪里開始？教育部！難道不是教育部逼院校長、院校長逼教師、教師逼學生作假、造假、護假、飾假的嗎？

2012-12-2 09:17

社會的進步是從禁止欲望到疏導欲望和協調欲望，在疏導與協調中盡可能滿足欲望。人有欲望是人與神不同的地方，是人的偉大之處，是人永生的欲望讓人嚮往神、崇仰神。

2012-12-5 06:49

人始終要面對死亡的非有，這是一切虛空、無意義的根源，是祖先與神的領地，是人類藝術想像力誕生之母——因為對於死亡的恐懼讓人敬祖畏神，由此誕生了不止是對現實的經驗性想像，而且是對非現實的超驗性想像。正是後者有別動物，讓人產生了藝術。藝術的非現實性乃是超驗性想像尋找載體的結果。

2012-12-6 06:28

虛無之有意義在於它讓人直面存在的荒誕，提醒人不要忘記自己的有限性和偶然性，敬畏誕生宇宙的力量，讓人努力有意義的形成自我並有利於自我構成的社會。而不是走向虛無浪漫主義放棄對真理和真實的追求，也不是走向虛無頹廢主義放棄對歷史與時代的職守。虛無讓人在聖徒與歹徒之間尋找自己。

2012-12-6 11:27

莫言是一個很好的小說家，諾獎典禮本是一個機會，可讓他成為一個很好的講演家。他沒做到也做不到。講演關乎道義、良知、尊嚴及思想傾向，他去講故事——故事可以使他成為很好的小說家，卻永遠沒法使他成為一個具有公共知識份子品格的講演家。

2012-12-9 18:09

莫言可因獲獎而忽視所有人，把別人批評意見說成"批評的那個人根本不是莫言"，但沒法回避他就是抄寫延講並擔任作協副主席的那個莫言。他也可以說機場檢查正如"造謠污蔑的言論都應該受到檢查"，但他沒法回避中國公民言論自由受到無端審查的事實。莫言獲獎無助於中國民主政治的建設，這就是結論。

2012-12-10 15:45

當文學家或藝術家本人出場參予社會公開活動時，其所作所為自當由社會公議，這不是其作品意義可以禁言的。不管什麼家，都沒有公共生活中的特權──即便是獲獎的莫言。

2012-12-11 08:44

2012臺北雙年展。展覽題為"怪獸與想像"，感覺怪獸未出，想像不再。北美館的三層樓展廳佈置得如一個老學究的科普展，有不少黑漆漆的空間，放著壓根兒就沒人看的影像。這種由知識生產出來的展覽，很正確，很學科化，但是與現場的人、與人的肉身、與肉身的直覺沒什麼關係。

2012-12-15 07:43

臺灣國父紀念館，一邊是孫逸仙圖書館，一邊是中山畫廊，是書與畫並重的地方。我不記得北京毛澤東紀念堂有什麼文化設施。國共對待文化的態度之不同，由此可見一斑。

2012-12-15 16:58

在上海周圍藝術畫廊《中國透視—張湘溪作品展》主持
微形研討會，參加者六人：我、作者、吳亮、楊劍平、
王南溟、李曉峰。挺好，人少，談得很深入。張湘溪作
品本來就很微觀，很小型，很仔細，但以小見大，可以
引出很多問題。比如電視機內很微型的製作；洗衣機內
四合院及伸下去拍見的房間佈置；韓熙載夜宴圖拆解為
人物、環境和傢俱；清明上河圖一幅空無人跡，一幅橋
已拆、樹被砍等等。

熔點——2012西安當代藝術作品展，是西安本土重要
的當代藝術展事。展覽很有品質。作品不再糾纏于傳
統，而是另闢蹊徑，介入當下生活與藝術現場。其多
樣、個體的藝術視野和沉著、平實的創作心態，說明這
裏有一批很有希望的年青人。支持他們，給他們更多機
會，西安當代藝術就起來了！

文化部禁展安迪・沃霍爾作品《毛澤東》，說明天朝審查制度黑幕如故。所謂中國當代藝術可以市場操作取得完全合法化之說者，讓主子狠狠扇了一耳光。官方文化審查制度和官方文化產業管理雙管齊下，如此官家，說者不過是為一杯羹搖尾、為五斗米折腰。這樣的批評家，呸呸呸，批什麼評，評什麼批，回家去罷！

2012-12-20 14:43

在中國做藝術小人比做藝術大師更有利可圖，故名為藝術大師者流基本上屬於藝術小人。

2012-12-28 06:37

民間自發、自在、自主的藝術團體、藝術組織，對於中國社會來說，是對公民自由的召喚，是對公民結社自由的實踐。因此，簡單地說藝術團體死亡之路，容易造成否定藝術家結社權利的口實。新潮美術的重要貢獻，就是申張民間社會的文化權利，改變中國官方一統天下的文化專制。

2012-12-30 16:03

藝術市場應走向真實，讓中產階級買得起畫。我和張曉剛是同事、朋友、哥們兒，我傾一生所得，買不起他一張畫，這正常嗎？有人說要他上億，這太誘惑太欺騙也太嚇人了。真實的藝術市場是大學教師、醫生、律師、公司高管等等文化人週末逛逛，還能忍痛掏錢的地方。

2013-1-3 20:47

行為藝術以身體行為作為主要媒介，和裝置以現成品作為主要媒介一樣，是現代藝術時期的創作方式，延伸至今，無所謂落後先進之分，關鍵是你做什麼，怎麼做，做得如何。行為藝術對慣性意識形態和既成權力話語的挑戰性、異質性與批判性，仍然有效。

2013-1-8 10:10

藝術史寫作本應是：藝術事實＋價值判斷＋寫作方法＋個人對事實、判斷及方法之有限性的自我反省

2013-1-9 08:59

重要不是有無知識權力，而是如何反省藝術史闡釋的話語權。新歷史主義不僅描述事實，而且要呈述事實缺失之處；不僅作出價值判斷，而且要對比判斷之不同；不僅要有自己的寫作方法，而且要反省個人寫作的有限性。至於機會主義寫作，文化垃圾而已，幹什麼都行，只有一句話可言：不足憑信。

2013-1-9 09:28

文人畫孤芳自賞固然是士人保持人文品格的方式，但也是遠離政教與宮廷以逃避現實的方式。中國古代之士未能轉變為現代知識份子，就是因"達則兼濟，窮則獨善"的準則。其"兼"乃是為君主當前政治服務，1949年後大陸知識份子是也；其"獨"乃是個人修養，不能以個人性建構社會。如此一來，文人畫必成空殼矣。

2013-1-10 09:03

體制外教育是沒辦法的辦法，還有就是在體制內插入體制外的楔子，這些都是權宜之計。最根本的是改變政黨洗腦教育體制，還教育於民間，使教育成為公民知識文化修養人格之現代教育。

2013-1-11 10:17

規定核心期刊作為評職稱的根據，是教育部和各級教委鉗制大學教師、撲滅自由思想、扭曲學術研究的強權手段。中國大學病入膏肓，與此有關。非大學自治，重歸民間，中國大學無望，中國知識份子無望。

2013-1-12 08:43

不要迷信大學──這是永遠正確的廢話。中國的改革決不能漠視大學。必須徹底改變大學黨政體制，還教於民，還大學於民間社會。大學獨立的根本，在教育家掌權，校長負責，教授治校，自治，自立，自主，自決，自由生長與自由競爭。中國之政治改革如果一時不能從全局開始，當自大學始。

2013-1-12 09:21

辦法只有一個：讓體制外教育成為主力，讓教育重回民間社會。──我們現在爭取的只是兩千多年前孔子辦學於民間，由教育家來主導教育的權力。

2013-1-12 11:10

能夠收藏宋偉作品是我的榮耀，八九大展他所做的事將永載青史。我之所藏的任何藝術作品，對我而言均為無價之寶又一文不值。一因做了批評，立誓本人、老婆及後人絕不賣畫，作品永不變現故一文不值；說是無價之寶，乃因所藏作品以後全部存之書院，用於公益，故價值無限矣。

2013-1-13 16:51

面對政治高壓，中國當代藝術並非靠資本渡過難關，而是靠藝術家批評家對藝術的熱愛。八九天安門事件後並沒有當代藝術市場，但藝術家在家中畫室創作了許多後來才被資本抬舉的作品。把一切精神追求歸結為金錢的作用、資本的作用，不過是這個時代最典型的功利主義和最庸俗的市儈心態。

2013-1-16 09:52

宋偉燃起的是道德的力量。一切進步最終乃是道德的進步，人類如此，個人更是如此。藝術從業者在名利場中喪失道德底線，是中國當代藝術最大的悲哀。金錢面前理想消失。當藝術追求只為功利而存在的時候，藝術就是最庸俗、最無聊、最卑劣的嬌揉造作。——宋偉也許是不正常的凡人但他是正常的藝術家。

2013-1-19 10:07

講話被引用，總要小心變味。我是這樣說的："青年是我們的未來，這是永遠正確的廢話。因為青年如果不站在時代的前列，就不是我們的未來……"。上一代人落後的地方是新技術帶來的變化，新媒體造就的新文化改變了歷史的承傳性，使不同代份的文化並置，各有優勢而互動。唯思維智慧無別，取決於尖銳與深刻。

2013-1-20 07:37

阿姆斯壯事件警示每一個人，公然欺騙社會欺騙公眾欺騙歷史，是不可原諒的，必須受到懲罰，還世界以公正。──中國藝術界當以此為鑒，抄襲他人成果、剽竊行騙之人，當眾聲討之，以正視聽。不能"容忍那些有違基本倫理判斷、正義思考的虛假權威控制我們的生活，羞辱著我們的智慧"。

2013-1-21 11:35

中國春晚的假設：你無奈，我更無賴；你無聊，我更無料；你無語，我更無娛；你無滴，我更無敵……

2013-1-22 08:17

中國美術就是把醜陋的中國人畫得美美的術，中國美術館就是讓惡劣的中國社會顯得美美的館，中國美術家協會就是使罪孽的中國政體變得美美的會。

2013-1-22 10:53

沒想到卡塞爾文獻展組委會如此閉鎖，他們竟規定在卡塞爾城方圓二十公里內不能辦其他展覽，若有則想方設法阻撓，生怕別人的展覽超過自己。比起威尼斯雙年展近些年開放的平行展機制，德國人比義大利人保守、落後了許多。

2013-1-23 15:25

觀念上的某種保守有可能是學術的持守和堅守，但操作上排斥異己則並非良好的學術態度。

2013-1-23 15:39

批判的行動不能代替行動的批判。但這並不是說批判不重要，而是說批判是行動的準備，而且要及時付諸行動。中國的事情由來已久，非朝夕可就，的確要有耐心和韌性。但耐心不能變成無心，韌性不能變成忍性。在周遭環境中做維護公平的事，讓正義回到我們心中。如果面臨安全與良心的抉擇，我們只能選擇後者。

2013-1-25 09:15

中國油畫家年齡一大就畫國畫，省點勁兒，可以理解；就象中國文人年齡一大，就寫四言八句，容易，年輕人看著還高深。——中國社會和中國文化敬老，老人也就以為自己還可以繼續指導別人。說點什麼也不自我論證論證。其實胡言亂語居多，自娛自樂居多，大家都明白，只有說者不明白，還真的是不明白。

2013-1-25 20:59

從什麼時候開始，考試成為賺錢之道。考生就是弱勢群體，敲你勒你欺你詐你，全沒得商量。真他媽媽的什麼世道！

2013-1-27 16:22

達利充滿瘋狂夢幻的想像力，讓藝術不至在知識生產的美術史邏輯中覆沒。藝術不是藝術史之必然，而是歷史的意外、人生的意外、社會體制的意外。

2013-1-28 09:40

生命的、心靈的自由在藝術裏，在藝術化的生活裏，在藝術化生活發生的過程之中，我以為。

2013-1-31 09:28

就眼下而言，中國真實比中國標準重要。普世價值不等於西方標準，而且即謂西方標準，也有一個什麼標準、有無道理、有多少道理的問題。只有自主地呈現出中國當代藝術創作的真實面貌，才能改變急功近利所帶來的他者化傾向。重要的不是標準而是水準、不是中國而是作為中國人的藝術家個人。

2013-2-3 16:36

70後、80後的說法始終有點可笑，因為這說法無法區別1979年12月30日出生的人和1980年1月1日出生的人有多麼大的區別。藝術也好，理論也好，皆非生年可以確定可以限制，在藝術水準、理論水平面前，人人平等──明白於此，對年輕人只有好處沒有壞處。

2013-2-5 09:06

一個雙年展，如果缺失問題的針對性、文化的挑戰性、思想的批判性、藝術的前趨性，又要安全，又要和諧，又要賣乖討巧，那就只能辦成國際大Party、學院嘉年華和樣式轉轉會，成為官學商勾搭出場月臺作秀的機會。

2013-2-8 06:55

所有採訪的價值都在於也僅僅在於：盡一切努力抵達真相，或者說，最大限度地接近真相和最大限度地揭開假像。

2013-2-8 07:17

學院搶佔社會舞臺弊大於利：中國大學由官方控制，主體意識無自由可言，對民間有普及作用難有解放作用；民間社會中藝術的自發性、自治性和自然生長性，不能受制於學院。創作不是教學，真正個人創作要擺脫教學之師承與集體的影響；當代藝術作為文化政治，應當學院開放於社會而非社會收歸於學院。

2013-2-8 07:31

玄武之圖其實沒那麼神秘，就因為龜頭象蛇頭，就把它們搞在一起成了玄武。中國人思維特性中相似性特別重要，往往是類比思維大於演繹思維，尚具象間關係而非抽象化推理。讀讀孟子就知道，這位老先生為了說理常常不管邏輯，如熊掌與魚不可兼得之說，選項不周有悖西方邏輯之基本原理，但卻很有現場說服力。

2013-2-10 14:43

繼德國國防部長古滕貝格於2011年3月因剽竊論文丟官之後，德國教育部長莎範又因同樣原因於2013年2月9日辭職。兩人皆負有盛名且有功于國，為了誠信，一個健康正直的國家必須對學術欺騙零忍耐。——中國那些剽竊論文的官員和學者小心！天理昭昭，別太妄自得意！

2013-2-12 16:38

唱歌的男女都是將軍，不知中國軍隊還有些什麼將軍？有沒有跳舞將軍、畫畫將軍、廚師將軍？可以肯定的是不乏喝酒的茅臺將軍。

2013-2-25 10:51

莫言的真誠有一條邊界，就是言論的安全。這既是身為作協中人的意識形態規範，也是他自我劃定的心獄。他的自我反省只能符合我黨當前政治要求。這種內心矛盾加上敘事性語言天分，使莫言小說充滿魅力。他不可能成為公共知識份子，人們也不必要求他這麼做，但指出這一點實屬必要。比如，莫言為何只能說自己也是施害者，而不能說自己為什麼成為了施害者以及最大的施害者是誰。莫言說不出、不能說，也不敢說的東西正是中國社會的癥結。

2013-3-3 08:29

收到全國城雕辦一份"城市雕塑創作設計資格證書（一級）持證雕塑家候選名單"，大為驚詫。如此將"資格－業務－利益"與資歷和權利掛鈎，真是匪夷所思。一個青年雕塑家的創作設計水準就一定比上一輩藝術家低？而固化創作設計等級，能說明具體城雕作品的高低優劣嗎？

2013-3-9 17:27

昨晚看《茶館》，第三幕打骨板唱的是八路打贏抗戰——可惜50年代大陸唯——部偉大作品，也深受官方意識形態污染。結尾處老爺子進屋上吊的背影，讓人想起一直歌頌新政權卻在文革中被逼投水的老舍。誰來寫《茶館》第四幕？就像有了《一九四二》，誰來拍《一九六二》？

2013-3-20 1:08

漲水了，水漫到廣場邊上。聽說聖馬可水
已齊膝，瑞茜要趕來聚餐，得趟水了。在
威尼斯水城，水和人的關係本來很親密，
水淹了房子也不以為患。多年以來，這座
城市因海而生，海水也從不侵犯人權。可
全球氣候變暖，已開始威脅到這裏，如果
繼續，必有滅頂之災。唉，人和世界，怎
麼會變成這樣呢?!

美術館的主要功能是什麼？不是什麼藝術史的知識生產，而是反省藝術史並挑戰知識界以容納異端思想行為的公共場所。

2013-3-25 22:57

把藝術說成知識生產，只是一個貌似正確的說法。藝術的功能一是挑戰知識系統及相應思維方法；二是不同于生產的功利性而只是在產生中表現人的創造力。知識生產的對立面不是肉身經驗，而是它自己。因為知識一旦可以生產，知識就走向了被既成世界規定的方向，而知識的價值恰恰在於挑戰這種方向。

2013-3-30 19:47

個人智慧激發與呈現是當代藝術核心價值所在。

2013-3-31 10:17

威雙平行展就是一國際展覽平臺，去是為了交流，沒去的以後還可以再去。幾十上百個平行展，中國人有幾個不算什麼。十幾億人，人多搞藝術的人口也多。沒有占到威雙展四、五分之一，說明中國藝術還很不發達。關鍵只有一個，就是看展覽做得怎麼樣。

2013-4-2 22:08

為什麼是威尼斯？一.那裏盛產玻璃，透明但五彩繽紛——說明忠厚並非無用的別名而是多種美德的載體；二.那裏很多面具，全是假像但讓你明白——說明人世變幻莫測，但真實就在假像背後。我喜歡威尼斯，因為它透明的豐富和浪漫而不騙人

2013-4-9 01:41

藝術史即便死亡，也不會成為藝術家只圖名利發家致富的歷史，也不會成為只為市場生產產品的歷史。這種中國特色的藝術史觀，也許有利於成功學和厚黑學氾濫，卻沒有對於精神和思想──即對於人的任何意義。因此，當代藝術和普世個體意識有關，卻與自私自利的個人主義無緣。

2013-4-12 21:42

求真有時比求美更重要──特別是在以美的名義掩蓋和掩飾真實的時候！

2013-4-15 20:19

凡做展覽，說法頗多。關鍵是為何做、怎麼做、做得如何？展前多聽好話，心中更有數；展後多聽壞話，以利下次又來。以戲詩為證，姑題為《自做自受》。詩曰：平行國家管它的，實現差異藝始真。此展應在水城有，人生難得迎論爭。見笑了！

2013-4-16 08:07

政府對文化的確不是說說而已，而是要管制要操控。在這種情況下，陸蓉之高呼獨立策展人結束了──那我們也就知道你是幹什麼的了。加入中國共產黨吧，做一個身份真實的人。或者你乾脆說，一切權利歸農會，而你就是農會中的臺灣人。

2013-4-18 19:51

打破藝術和權利勾結的關鍵是揭露這種勾結，這正是中國藝術批評不得不做的事兒。

2013-4-25 13:56

針對空頭批評亦屬必要，批評的要義不光是針對別人，更是要針對批評本身。但重要不是喊喊口號，而是要具體分析──批評就是有針對性的分析，不是別的。

2013-4-25 14:40

對藝術而言，真理和真誠都容易引起誤解，除非像海德格爾那樣對"真理"作出專門解釋。無論從哪方面講，真實性都是當代藝術最重要的價值取向。真實總是為權利關係所遮蔽，需要通過揭示才能彰顯出來。所以擺脫海外選擇、市場炒作、官方展出的他者化和被動性，自主呈現中國藝術的真實面貌，顯得非常重要。

2013-4-30 18:10

威尼斯日記：出發去威尼斯。成渝現均可直飛，重慶走多哈轉機，成都走阿姆斯特丹轉。剛立夏，又下了點雨，天氣溫和，空氣潤澤。5月15日上午8時。重慶開往成都D5101次動車。電視裏放的是老電影《魂斷藍橋》，經典悲劇。太經典了，離我們有點遠。側首窗外，奔蹄的全是濃綠。小山丘，起伏而去。

2013-5-15 08:41

威尼斯日記：十小時飛行。當地時間18點半到達阿姆斯特丹，溫度c13度。過關轉機，至D63閘口。和兩年前一樣，一路過來，見到了鬱金香酒吧，裝飾如故；再拐彎上樓，那棵做出來的大樹椿還在那裏。歐洲現在以不變應萬變，不知是福是禍；中國以萬變不變，不變者乃官本與專制也。

2013-5-16 02:10

藝術自由就是藝術創作的自發、自主、自治——在中國大陸，必須爭取民間公民社會的文化權利，八五新潮美術運動的歷史意義正在於此。

2013-5-16 20:37

藝術即自由的覺醒與覺醒的自由。

2013-5-16 11:04

威尼斯日記：漲水了，水漫到廣場邊上。聽說聖馬可水已齊膝，瑞茜要趕來聚餐，得趟水了。在威尼斯水城，水和人的關係本來很親密，水淹了房子也不以為患。多年以來，這座城市因海而生，海水也從不侵犯人權。可全球氣候變暖，已開始威脅到這裏，如果繼續，必有滅頂之災。唉，人和世界，怎麼會變成這樣呢?!

2013-5-17 04:35

威尼斯日記：威尼斯的海鷗平穩而悠閒，它們因富足而雍容，自祖輩以來就沒窮困過。和這裏的鴿子一樣，享受著世界的優待。不過一為野生一為豢養，還是大不一樣。鴿子在廣場和建築上生長，依賴人為之物；而海鷗的領地則是大海與河道，乃自然所造就。——這就像威尼斯雙年展的國家館展與平行展，來路與空間都不相同。

2013-5-17 20:12

以權力關係解釋歷史的福柯學說，在中國被庸俗化為功利至上的社會學。所以依傍政治、資本的權力，成為投機者厚顏無恥的選擇。這裏的關鍵是：任何權力的實現都必須有被權力物件，權力和被權力的關係並

非任由權力方決定。由此反抗、博弈以改變既成權力及既得利益，便成
為歷史的動力──這就是批評的本性。

2013-5-18 12:28

現代主義本體論與語言觀在今天的問題是：當代藝術在社會學與語言學
的碰撞中激發出活力，其社會學向歷史學延伸，其語言學向言語學轉
換。不懂得這個變化，和當代藝術批評距離遙遠。

2013-5-19 17:48

威尼斯日記：5月18日，天氣由雨轉晴，旅行者傾巢出動。聖馬可人山
人海，歎息橋擁擠不通。天還是那天，海還是那海，鴿子還是那些鴿
子，只是餵的人不同，但其姿勢、動作、情態也都差不多。自然有很多
普遍的東西，人類也一樣，這是和非我族類溝通的理由。──那些否定
普世價值的大陸權貴們不是在裝B就是在悠人。

　　突然見到柯達膠捲，很親切，儘管不用已經很久了。用膠捲時拍照
很認真，現在數碼機嘩嘩嘩地拍，其實反而沒什麼用，甚至拍了以後就
再也不看了。

2013-5-20 分兩次發佈

威尼斯日記：5月19日，傍晚的威尼斯，遊人散盡，城市重返原樣。黃
昏仿佛一支無形的畫筆，醮足顏料，在天空、海面和建築上塗抹，色彩
越來越濃烈。一切都安靜下來，讓人可以真正享受自然的變化。久違
了，豐富而又飽滿的暮色黃昏！

　　住地兒不遠是威尼斯海軍總部，對面有一座聖·馬丁教堂，精緻而
壯觀。旁邊有一個小商店，每天下午四點開門。賣的是各種舊東西，鍋

碗瓢盆之類。都是附近居民把家裏不用之物搜集送來的。教堂便宜賣出，所得款項全部用於慈善。——每每出門仰見教堂牆上的聖母像，真的讓人感覺不是圖像裝飾而是人文精神。

2013-5-20 分兩次發佈

威尼斯日記：聖馬可廣場正在舉辦法國印象派畫家馬奈的展覽，非常棒。不僅有幾乎我們知道的所有馬奈名作，而且展示作了很好的對比，比如提香《睡著的維納斯》原作和馬奈《奧林比亞》原作的比較。這是此次來威雙展的朋友們不可不看的展覽。十六歐元，不貴，來者當納入計畫之中。

2013-5-20 22:40

威尼斯日記：孔蒂尼畫廊是威尼斯也是義大利最好畫廊之一，代理的藝術家堪稱世界一流。當今最優秀的雕塑家伊哥即為其一。我曾在1995年專門介紹過他，上屆威雙展來時發現其作，經助手聯繫，認識老闆孔蒂尼夫婦。今天他們陪我三小時車程前往托斯卡納聖石城訪向伊哥，洽談甚歡。其大師風範與獨立個性令人佩服。

2013-5-22 05:27

威尼斯日記：和法布裏奇奧·布萊希共用午餐。布萊希是歐洲最重要的影像藝術家，曾與基弗爾同獲卡塞爾文獻展最具影響力獎。是唯一一位在古根海姆三個博物館都做過展覽、在全世界132個博物館做過展覽的藝術家，也是唯一一位在世時修建自己博物館的義大利藝術家。作品樸素而偉大，是哲學、詩性與視覺藝術的獨特結合。

2013-5-22 23:58

威尼斯日記：法布裏奇奧·布萊希在威尼斯的工作室。我從來沒見過一個藝術家把自己幾十年工作的文獻整理得如此有序、如此之完美。他在這兒靜思默想，存有幾百個影像裝置的構思方案，草圖畫得如同繪畫作品。人家怎樣地勞作，在中國藝術家中極為少見。其談論藝術、思想的熱情，在中國的今天已是難得一遇。

2013-5-23 01:08

威尼斯日記：在國際交流中，自主展覽和他者選擇都有必要，而前者比後者更重要。

2013-5-24 16:37

威尼斯日記：在威尼斯掛張畫兒意味著什麼？——之一：A，展覽申報程式完成獲得批准；B.策展人與投資方確定展覽事宜並簽訂相關協議；C.確定參展藝術家並與之商定參展作品；D.收集所有作品圖片及尺寸等資料；E.設計展場平面分佈及立面佈置圖；F.繪製含每幅作品尺寸大小的展牆施工圖。之二：G.將作品圖片及相關資料製作成冊送交主辦機構及主管部門審查；H.將調整後的同樣材料提交運輸公司及海關；I.與運輸公司簽訂作品包裝及國內外運輸合同；J.各地作品包裝運輸至海關統一裝箱；K.作品海運1-2月至威尼斯海關；L.作品出關轉運至展覽現場預定位置；M.與義大利布展公司談判並簽訂合同；之三（工作間歇＝威士卡）：N.布展公司根據設計圖製作展牆；O.根據展廳展牆調整掛畫施工圖交現場義大利布展人員；P.作品開箱拍照放至展位；Q.義大利布展人員按施工圖將作品上牆；R.中國工作人員自行作最後調整；S.設計製作上貼作品標籤；T.安裝監控設備並雇用人員看守展廳每一幅作品。之四：以上所說：1.每一事項都可以列出多件事情及變化；2.不包括印製畫冊所做的工作；不包括展覽開幕，論壇、酒會所做的工作；不包括媒體發佈、傳播所做的工作；3.作品撤展、裝箱、運回、退還等等還有一套事情。──只是一張畫，要掛進威尼斯平行展的展廳，須付出半年數十人工作時間，而時間就是生命。

2013-5-25分四次發佈

威尼斯日記：5月26日，看看這雲，看看這海，看看這天，看看這看不見的透明的空氣──這就是威尼斯：如夢似幻的真實，真實的如夢似幻。

2013-5-27 00:54

威尼斯日記：布展猶如做菜，菜沒端上來時，廚房總是一片混亂，請千萬別來看。上菜時自然會有序、成型，至於味道如何、可口與否，那就人各有別，讓食客自己去感覺了。

2013-5-28 03:34

威尼斯日記：魯迅有文，大意是說一人生了孩子，眾人祝賀。一人說將來要做大官，賞錢！一人說將來要做大將，賞錢！第三人說出實話"這孩子將來要死"，結果挨了打。──展覽自去年八月籌畫今年六月開展，正好如十月懷胎一朝分娩。生下小孩美醜各見，父母希望有人讚揚，不過"將來要死"是肯定的，只是比現在已死強。

2013-6-1 15:24

威尼斯日記：我在開幕式上流淚是因為薩子。他的威尼斯計畫要背一棵樹從展場走回中國，途中會發生怎樣的事情呵？多麼不懼艱險的人！我請他講話，以為會說什麼豪言壯語，他只說了句最簡單的話：經過9個國家，用時一年三個月。我為他的質樸而震撼！兄弟呵，你才是中國藝術家的榜樣。

2013-6-1 15:49

威尼斯日記：威尼斯聖馬可廣場花神哢啡店，一百多年前威尼斯雙年展的想法就誕生在這裏，幾杯哢啡的結果，如今早已是國際盛事——藝術就是如此地令人意外！

2013-6-1 19:04

威尼斯日記：威雙平行展申報要求主辦機構是非營利的，國內民營館大多工商註冊不合要求，以政府美術館名義必定會有審查。我的態度是，既以其名，應予尊重，儘管我個人並不認同審查及其結果。而把這個結果加以展示，呈現的正是中國的真實。比如中美雕塑家田世信的《沁園春・雪》中的毛澤東被告知不能展出。田世信作品中的毛澤東拿掉以後，留下了一把椅子，和詩詞中的秦皇漢武唐宗宋主成吉思汗在一排，這不是很真實嗎？意外的情況是有些觀眾坐上去照相：毛走了，誰在呢？

2013-6-2 分兩次發佈

威尼斯日記：我希望威雙平行展《未曾呈現的聲音》這個展覽不是一個過去完成時態的展覽——樣式化、符號化以及既得利益小圈子化；我希望這個展覽是一個正在進行時態的展覽——發生著、湧動著，揭示問題而充滿焦慮，表達個性自由並直呈環境壓抑，具有中國創作智慧也溝通國際資訊背景。我希望這個展覽不是一個雅致的、閒適的、按摩的展覽——有如西方畫廊博覽會那樣白領化和資本化；這個展覽是一個真實的中國的展覽——中國當今社會、文化、歷史和中國人精神的現場氛圍，自主呈現中國當代藝術複雜而豐富、多樣而生動的真實狀況。我希望這個展覽不是一個關於形式、語言知識生產的展覽——就像現代主義那樣精英化和美學化；而是關於表達與言語並通過言語交往改變語言方式的展覽——言語與語境及上下文有關，其個別性與現場性使藝術有充分理由介入當下文化語境（包括政治文化）和歷史上下文關係（必然重新啟動中國歷史文化）。

2013-6-5 分三次發佈

羅馬西班牙廣場著名的希臘哧啡館——拜倫、雪萊等許多詩人呆過的地方，接受天空電視臺關於詩歌的採訪。同場有詩歌評論家、出版家及藝術家，環境宜人，相談甚洽。結識了哧啡店老闆，與他談到，什麼時候在中國也辦一個這樣的哧啡店，文化人可以聚集。店主曰：這裏是產生思想的地方。——說得真好！

2013-6-8 07:38

誰說十年前威尼斯是掌控當代藝術的最高標準？從來就不是。威尼斯說到底，就只是一個國際上重要或最重要的展示平臺，過去是，現在還是。威尼斯平靜而開放地面對全世界，卻只有中國不能開放而平靜地面對它。

2013-6-15 21:31

媒體老問我策展人的難處是什麼，好像有什麼難言之隱似的，其實我沒有障礙。策展人最難之處是要對展覽整體效果負責，因此不可能讓所有藝術家都滿意，也不可能讓每個藝術家最滿意。但只要展覽做好了，對

所有、每個藝術家都好。如果你參加了一個重要的展覽，誰在乎你放在
什麼位置、面積夠不夠大，不是麼？

2013-6-16 03:23

展覽開幕，評價由人。既非好言所動，亦非謗語所撼。我之關心只有一
條：有無分析。除了分析可以與人啟發，其他不過是網路噱頭：冷嘲熱
諷酸，羨慕嫉妒恨。各有情態，觀之亦樂也。

2013-6-16 05:29

什麼是學院派？簡言之，就是只知道審美而不懂得審醜的人，就是只知
道順勢思維而不懂得逆向思維的人，就是只知道滿足現而不懂得揭示現
狀的人，就是只知道作品本身而不懂得現場在地的人。正是這樣的學院
派和中國官方結合，形成了威尼斯中國館的展覽模式：為了政黨意識形
態審查的安全性而不得不空洞而宏觀，為了討好官僚體制的審美慣性而
不得不虛幻而飄忽，沒有任何現實揭示性、美學針對性和現場挑戰性，
便成為這種展覽的基本特徵。

2013-6-16 10:10

首先學會溝通、協調、原諒，學會傾聽別人批評自己的意見和學會反省
自己批評別人的意見──這一切的前提是有價值訴求，有道德底線，以
自信與真誠面對自己認定的事業。

2013-6-16 19:09

徐冰做得最差的作品就是《鳳凰》，從觀念意圖到模擬手段，賣弄世俗，討好官方。

2013-7-8 09:23

中國當代藝術是對官方專制文化的反抗，為爭取民間公民權力而努力。在"一切權力歸蘇維埃"（在中國則"一切權利歸農會"）的政治要求下，中國文化根基被破壞殆盡，一切須從重建民間公民社會的基本權力開始。這是判斷中國當代藝術價值最重要的出發點，含此之外的誇誇其談，無比虛偽。

2013-7-8 17:36

我之所言，準確無誤。具體可詢本次展覽投資機構四川明天文化藝術投資管理公司。我想他們亦會在適當時候將其運作方式公諸於眾。（《王林：平行展高額收費是謠傳》記者問：有傳言說參加這次參展的藝術家都繳納了高額的費用，是嗎？王林答：據我所知，展覽投資方未向任何一位參展藝術家收取一分錢。他們的做法是跟每位參展藝術家相互協商，簽訂參展合同。高額收費這個說法屬於謠傳。）

2013-7-11 18:20

用談論F4的方式來言說8G，只有利益和權力的再分配，只有成功學及厚黑學，難以有任何推進。中國當代藝術要直面問題、直面真實——多研究些問題，少來些名頭和噱頭！

2013-7-31 13:21

在高更那個年代，返回原始的想法是有挑戰性的；可在今天的中國，卻成了逃避的藉口——逃避也不錯，關健是因何而逃避。所以即便是逃避，也有問題的針對性。

2013-8-3 11:55

沒有對藝術品經營與收藏的減免稅制度，就沒有健康、透明、公開的藝術市場，就只有炒作、欺騙、虛假的黑市交易。中國藝術的精神由此而敗壞，當代藝術尤甚。——這首先是政府的罪責。

2013-8-3 12:06

誰是真正的藝術家？——1943年飛虎隊飛機上的卡通圖形及美國士兵畫家。

2013-8-3 11:34

中國抗議活動正在臺北實踐，25萬人通過網路而非政黨上街，說明臺灣民間公民社會已趨成熟。關於公民抗議，有三個人值得一提：一.梭羅，不服從，拒絕與罪惡制度妥協，只做自己認為正當的事；二.甘地，非暴力但決不合作，組織社會抗議運動；三.馬丁‧路德‧金，明知危險決不屈服，承受暴力也決不施暴。

2013-8-3 16:20

藝術家不要只顧自己創作、只顧自己賣畫賣作品。自我不是自私，不是一己之個人主義。藝術家要關心同道、同路的生存問題，要關注藝術行業生存的現實境遇，要有為生存鬥爭的參予意識和合作精神。不要事不

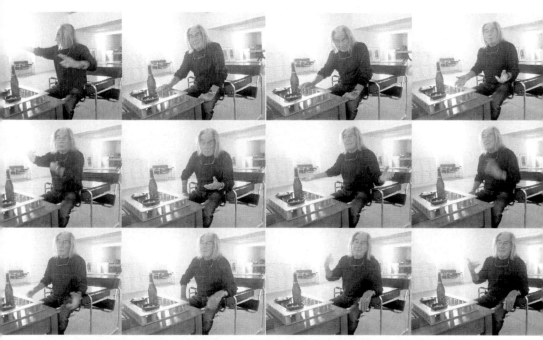

法布裏奇奧‧布萊希在威尼斯的工作室。我從來沒見過一個藝術家把自己幾十年工作的文獻整理得如此有序、如此之完美。他在這兒靜思默想，存有幾百個影像裝置的構思方案，草圖畫得如同繪畫作品。人家怎樣地勞作，在中國藝術家中極為少見。其談論藝術、思想的熱情，在中國的今天已是難得一遇。

關己高高掛起，他人罹難漠然以待。藝術之我乃通天地涵他人之我，萬不可因逐利而成為猥瑣局促之我。

2013-8-13 12:44

在當代中國，藝術拒絕介入社會，只能賣錢、賣乖、賣萌。當代藝術正是由於哲學、歷史、不同社群文化對藝術的入侵，改變了現代主義自律性即自閉症；反之亦然。介入性應該成為中國當代藝術的價值訴求。

2013-8-17 18:08

賴活最可貴，黑錢價更高；若分一杯羹，道義皆可拋。──中國當代藝術現狀之一瞥。

2013-8-18 10:19

威尼斯日記：8月24日。當地時間7點鐘（北京時間次日淩晨1點）。荷蘭阿姆斯特丹機場。還是熟悉的出廊橋順道左轉尋D61登機口；還是熟悉的圓拱架構咔啡廳；還是熟悉的有人造樹的樓梯口；還是熟悉的7：50才能open的候機室電梯──轉機去威尼斯，這應該是第八趟了吧？給助手傅森發信：公寓有酒嗎？去買瓶威士卡？

2013-8-25 18:28

威尼斯日記：8月25日。公寓不錯，離聖馬可廣場很近，二樓上，房間寬敞，亦能加床住四、五人。晨起推窗，見威尼斯後街，只一處小景，房屋櫛比鱗次，建築形態十分豐富。遙想中國城市鄉村，單調枯燥的面貌，哪里還有文化可言？

聖馬可廣場水上巴士站。所有中國展的船站廣告都沒了，只有《未曾呈現的聲音》還在。廣告只打開幕式，做給中國人自己看，是自慰的表現。殊不知歐洲八、九月休假的多，加上電影節，人氣比六月還旺。展覽既在國際舞臺上，諸多考慮顯然應該更國際化一些。

此行來威尼斯，不是全因為展覽，而是為了做"中意詩歌研討會"活動。這也是我和義大利詩人安吉洛的個人詩集發佈會。由歐盟等機構主辦，湊個電影節的熱鬧。27日在威尼斯希爾頓酒店舉辦。談笑有鴻儒，往來無白丁，規模不大，願得一樂也。

2013-8-25 21:16分三次發佈

威尼斯日記：8月26日。去MESTVE中國超市買吃的，以飽本周口福。路遇政府活動，青年組織聚會，聽見陣陣叫聲，不知是贊成還是在抗議什麼。全世界遊行都一樣，打旗，吶喊，唯獨在中國變成了散步——現在連散步也不准，為什麼？

日日新中國食品商店。買了五花肉、土豆，還有醬油、生薑、白糖之類，可以做紅燒肉了。再加上涼拌黃瓜、番茄炒旦和孔蒂尼送來的兩瓶好酒，一頓晚餐成形。主食京味雜醬面，麵條乃福州精粉。沒吃過，八點開席時，方知好歹。

2013-8-27 02:49分兩次發佈

威尼斯日記：8月28日。清風、陽光、海水。在希爾頓客房的窗臺上，拍一張詩集和海景的照片。發佈會和研討演講昨天結束了，是和鋼琴、女高音、義大利歌劇片斷與中國歌曲一起做的。晚宴後義大利詩人安吉

洛意猶未盡，和我談論上帝、原子以及人類中心主義。我說我相信歷史，因為它有揭露欺騙和回到真實的能力

2013-8-30 22:40

威尼斯日記：8月29日。接受孔蒂尼建議，去曼托瓦看法布裏其奧·布萊塞的展覽。聽說很不錯，期待。車程1個半小時，睡著了。

　　布萊塞在曼托瓦市戴宮的展覽很棒，現場感極佳，老酋長還是很厲害的。只可惜不允拍照。從曼托瓦到加爾達湖城堡很近，這裏的湖光山色，雲蒸霞蔚，不愧為度假聖地。20世紀義大利歌劇女王瑪麗亞·卡拉絲避暑宮在此，她和希臘船王的愛情故事有名，搬上銀幕，很多人都知道。恩索·費奧萊個展在宮裏。其作以肖像為主，亦挪用古典名作。畫面輔以多種材料，常用樹枝、昆蟲之類，很精准，很耐看，很有品質。

　　加爾達湖城堡小鎮的街道。這裏的商店有一半賣吃的；賣吃的商店有一半賣霜淇淋。逛店看見一塊五萬年前的海底化石，是鯊魚的下鱷骨，牙齒俱在。愛不釋手，但怕有假沒敢買，推口說太沉，走開了。

2013-8-30 分四次發佈

威尼斯日記：8月30日。又到威尼斯機場，樸實、方便、親切，小而精。不像國內機場那麼誇張，一個比一個大。飛機到了，半小時出不來，令老年人心生畏懼。飛機大的好，機場還是小的好。

2013-8-30 22:35

真實不是選擇出來而是揭示出來的，是從遮蔽真實的社會意形態中揭示出來的。是揭示的力度與深度決定了藝術與真實的關聯，而不是攝影與繪畫在樣式上的區別。

2013-9-7 08:57

中國民營美術館的重要基點是民間立場，爭取與保護民間公民社會的文化權利，否則一切皆空：空談、空想——空洞還假裝空靈。

2013-9-8 17:15

對個人自由的嚮往讓人走進當代藝術展廳。所以，中國人對當代藝術的興趣取決於他們的自由程度和對自由嚮往的程度，這不僅僅是藝術圈的問題。

2013-9-9 13:13

大藏殿題為：地獄未空，誓不成佛；眾生普渡，方證菩提。另有一觀音龕對聯可供網友心證：天堂地獄皆心造；煩惱清涼各自修。——念小學時曾去重慶南溫泉景區旅遊，見於其仙女洞觀音像左右。至今蕩然無存，恐怕也很少有人記得。兩聯境界皆執著而不執迷，超越而不超脫。我佛慈悲，善哉善哉。

2013-9-17 10:55

蔡國強之作乃典型機會主義加地方小聰明。從日本爆破發跡開始，就是討好日軍國主義者不服二戰核彈所敗的心理，到上海北京之官方慶典焰火已是無聊至極。

2013-10-7 18:43

李正天《氣正道大》展覽與講座活動：李正天是70年代末早期前衛藝術代表人物之一，曾因公開反對專制宣導民主被捕入獄。被毒打命在旦夕，伺機逃跑時在火車上為人搭救。此人名黎展華，當時為列車長，現為廣州文藝批評家協會副主席。

2013-10-15 14:23

重慶印像派版畫展覽不錯。以德拉克洛瓦開頭，有巴比松畫派、印象派諸家、後印象派及野獸派、象徵主義的作品，可見印象派之歷史上下文關係。印象派展覽不談光色只說黑白，只說筆痕、材料、印製，讓觀者看到印象派大師們的另一面，感覺驚奇。

2013-10-17 22:44

法布裏奇奧.布萊塞夫婦和孔蒂尼父子來訪，在家中茶歇。有美院同學聞訊前來合影，事前還做了網上功課。今天的學生更懂得國際交流，這是大好事。開放乃進步之始也。

2013-10-19 12:05

大雁塔之大氣、偉岸、方正、質樸，顯示當時帝國的強大自信。何謂自信？就是並不在乎，做得成大事但無須十分看重。不執乃佛教之精髓，執迷不悟乃世間功利所誘所惑。能夠不執方能大氣。看附近大唐芙蓉園及街上唐王出行雕塑，形體巨大只如空殼。較之大雁塔建築風采，其強弱大小真假皆一目了然矣。

2013-10-22 23:40

自然生命的頑強從榕樹氣根上可見，枝繁葉茂與根須密垂呼應，顯得十分豐富。突然想起前天在三軍醫大講藝術，一軍生提問：藝術對學醫有什麼用？——呵，這問題，就像醫生治病讓人健康，可健康有什麼用呢？藝術無非是讓人活得充實點豐富點而已，想想就像這棵大榕樹。

在秦兵馬俑博物館外，竟建了這樣一條劣質長街，全賣的是中國旅遊次貨，人要走很久才紝到館前入口處。──這是什麼空間設計，讓人歷史感、莊重感全無，只有一片心理混亂。體會一下古代皇陵甬道的作用，今日中國之無文化真是令人扼腕。

2013-10-23 14:07

重慶美術館：做得好是在重慶最中心解放碑，市民順便即可觀展。做得有問題的是：如此建築不在寬闊的綠草地上，而在鬧市高樓群狹窄空間中，實在狼狽；唱紅打黑重口味的外觀誇張至極，讓館裏所有展出再無色彩可言；內部空間本適合當代藝術，但展牆固定空間無法重組，離一流展館遠矣。

2013-10-30 22:46

重慶三峽之聲音樂會。再聽貝多芬《田園》，已是相距28年。這是貝多芬最有詩意的作品。如要比擬，第一樂章：驚蟄，大地上，萌動，生長，發現自然；第二樂章，春分，溪流邊，暢快，歡欣，感受自然；第三樂章，清明，天上雲舒雲卷，人間樂舞蹁躚，歌頌壯麗之大自然也。

2013-10-31 00:09

央美展館正在做《安迪・沃霍爾：十五分鐘的永恆》展。較之同時展出的博伊斯文獻展，真實原作多了許多。展覽方式均依時間編排，力求全面。但沃霍爾關於毛系列作品有一百多件，此展一件不見，恐怕不是疏漏而是審查制度的緣故吧？歷史回顧尚且如此，當代藝術在中國是已有合法性還是只有合官方性呢

2013-11-2 09:00

近讀馮建吳國畫寫生作品集《江山縱覽》，六十年代馮先生就有如此強化形式感的作品，令人佩服。形式追求是中國新藝術的動力之一，在權重時代，只有風景畫與山水畫中有所呈現，值得擇出認真加以研究。

2013-11-5 08:37

辯證法是三分法，而非二元對立的兩分法。三分法有仲介，可以轉變對立並使對立轉變為相處狀態而非相克狀態。仲介思維是當今最有智慧的藝術思維，而今日藝術可謂思維智慧的操場。

2013-11-16 23:11

自然生命的頑強從榕樹氣根上可見，枝繁葉茂與根須密垂呼應，顯得十分豐富。突然想起前天在三軍醫大講藝術，一軍生提問：藝術對學醫有什麼用？——呵，這問題，就像醫生治病讓人健康，可健康有什麼用呢？藝術無非是讓人活得充實點豐富點而已，想想就像這棵大榕樹。

2013-11-19 09:14

53美術館《潛動力》展作品：一個女孩正在展廳拍照，我站在她後面所攝。——光、影、煙三者可在展廳形成如此空間，這種現場的形式感是傳統架上藝術沒法達到的。

2013-11-23 22:29

中國藝術家什麼時候能擺脫成功學的惡性循環？"8G"為名與"四大天王"之稱，都是一樣商標——有什麼新啟蒙可言？不要動不動就宣佈，一個偉大時代又從我這裏開始了。還是那句老話于人于世有利：多研究些問題，少談些主義──最好是研究問題而且拒絕主義。

2013-11-27 18:33

樂山東漢崖墓群中的"荊柯刺秦王"石刻，故事完整，情節緊張，構圖有致，形象生動，很有感染力。想當年俠義之士，看今日局促之人，不免有些感慨：怎麼偌大一個中國美術界就少有捨身取義、舍利取義、舍名取義、舍官取義之人呢？

2013-12-2 10:59

氣場強大可簡稱氣大，氣大不等於大氣。今日中國藝術，氣大的多，大氣的少。

2013-12-2 13:53

同行評議于所有科學學科有理，而于藝術文學無理。原因是科學有標準有發展，同行評議有外在依據。而藝術只有比較只有變化，缺少外在依據。而文學藝術家總認為自己的作品是最好的，於是需要有研究作品世界和作品歷史的人來評價和言說。批評不僅是評價，而且是闡釋，而藝術闡釋則是藝術意義發生的過程。

2013-12-6 18:30

美術界並非沒有同行評議，美術學院教學評議、美協展覽評選機制皆是。前者為培養過程，針對教學結果而非創作成果；後者為官方管控，乃政績史而非藝術史。批評之意義在立足公共領域挑戰官方意識和國家

53美術館《潛動力》展作品：一個女孩正在展廳拍照，我站在她後面所攝。——
光、影、煙三者可在展廳形成如此空間，這種現場的形式感是傳統架上藝術沒法達
到的。

權力，申張藝術的公民自由。龜縮同行評議，必然取消藝術的批判性與介入性，其結果無非是取消當代藝術。

2013-12-7 08:43

考據不無好處，但詩歸考據如五馬分屍，詩不成詩矣。

2013-12-9 12:40

《未曾呈現的聲音──中國獨立藝術展》在威尼斯結束之際，薩子出發了，背著一棵樹，踏上了漫漫歸鄉途。這是一位將傳統鄉情和自然崇拜轉換為當代藝術的行為藝術家，一位元以身體方式直接介入國際關係和全球文化的藝術傳播者，一位敢於接受自我考驗和極限挑戰的真正勇者與忍者。

2013-12-15 09:30

資本當分善惡，市場必有真偽。無此分別，中國藝術資本與藝術市場，往往以惡扮善，以偽裝真。居然還有批評家吹牛拍馬，舔菊如此低劣之資本與市場。呸！呸呸！呸呸呸！

2013-12-17 19:21

資本通過資本掌控者表現出善惡。馬克思說資本從頭到腳每一個毛孔都流著血和骯髒的東西，指的是惡意資本，即不顧一切追求最大剩餘價值並完全據為己有。馬克思《資本論》並非只說資本的壞話，因為資本及資本家對利潤的追求乃歷史發展的動力。儘管惡也能推動歷史，但只要歷史是人的歷史就必有向善之趨勢。

2013-12-18 07:27

什麼是善意的資本？1，在利潤分配時充分考慮到利潤產生的付出者（勞動、研發、管理）的利益；2，在資本運作（比如生產過程）中充分考慮環保、生態、健康等因素，為此不惜減少利潤；3，著眼資本投入長期效益，逐步回收投入、漸進爭取利潤而非急功近利現買現賣，為其他借助資本運行的活動留出可能性空間。

2013-12-18 07:41

什麼是健康的市場？就是公開、透明、誠信的市場。謀利無可非議，但賺錢要賺在明處。中國藝術市場之為黑市，乃因國家無減免稅制度，買賣雙方為逃稅作假而養成欺世之風。一遇市場便墮入欺詐，波及創作心態與批評意識，流毒甚廣。重建藝術市場應該從以誠信為前提的契約化交易開始，儘量減少江湖潛規則。

2013-12-18 08:16

金錢用於投資則為資本，投資方向、投資規模、投資計畫等等皆有主觀因素。故資本運作並非只是一個自然過程，並非只有市場那只看不見的手在起作用。資本之善惡即其主觀性的體現，比如生產過程考不考慮環境保護，就不是資本產生利潤的自然過程和市場規律可以完全決定的，因為這樣做勢必增加成本降低利潤。

2013-12-20 06:20

價值取決於社會必要勞動時間，價格隨供求關係上下波動，這是一般經濟學原理。但稍一深究即可發現，一個注意保護環境的產品所耗社會必要勞動時間較長但不一定市場同比價值更大，也就是說，投資這類產品的資本從一開始不是純客觀的而是有主觀意願的。完全否認資本的主觀性，必然否定人在資本運作中的作用。

2013-15-20 21:24

七七級（包括七八、七九級等）這一代人已到下課的時候。這一代人並沒有實現將中國推向民主政治和公民社會的道路。當初自稱反思的一代，看來反思只能有待後人。這代人還能幹什麼？唯一能做的乃是留下歷史真相！不要再空說什麼愛國主義和人道主義，愛國從真相開始，人道從公民人權重建開始。七七級下課！

2013-12-21 10:34

固守既得利益的人群，再沒有資格成為社會中堅和文化精英，退出歷史舞臺乃明智之舉與最佳出路。

2013-12-21 11:19

擋路者下課，不是惡毒而是善良。七七級的偉大在於：自己沒幹又必須幹的事敢於讓別人幹；為了讓別人幹而自己做好可以做的事。所以七七級可以成為讓路人而不要成為攔路虎。

2013-12-22 13:29

人的偉大不僅在執著，而且在放棄——這是世間智慧與般若智慧的不同，執著而不執迷。人皆有限，群體亦複如此，七七級同道會理解的。

2013-12-22 13:38

張頌仁事件是當代藝術界長期不重視誠實、誠懇、誠信只重功名利祿的結果。要反省的不僅是張頌仁，而是所有人包括丟畫的藝術家。這件事最有貢獻最有責任感的是弗蘭，但長期以來卻有人對她不滿甚至想把她遮蔽掉。這是為什麼？就是因為當代藝術江湖有利益結盟的潛規則。反省從自己開始，別以所謂人誤掩蓋了問題的實質。

2013-12-22 14:39

七七級一簇曾是文革後中國的希望，但九十年代以後下海的下海、招安的招安，成為既成權利與既得利益的維護者，失去了反思一代的社會擔當與自我推進，退出思想的歷史舞臺已成定局。有志者能致力留下真相，善莫大焉。這是七七級一代保持真誠、保存真實、保護真理的唯一機會。"這是最後的鬥爭"，珍惜吧！

2013-12-26 22:21

當代藝術正從現代主義的純粹走向複雜，這種複雜性混合著現實與記憶、個人欲望與集體意識，也混合著藝術與政治、與資本、與歷史、與文化、與精神的種種關係。而中國現在乃是最為複雜又限制介入的國家，當代藝術如果拒絕複雜其實就是為了逃避。

2013-12-31 10:00

知識正在聚集、正在交錯，正在變異，人對此充滿恐懼，尤其是那些享受確定性知識的人。只有敢於直面這種恐懼並敢於放棄既得利益的人，才能在不可能的習慣中尋找可能，並由此成為當代藝術家、批評家和策展人。

2013-12-31 10:08

對當代藝術而言非線性展覽方式變得越來越重要：展廳乃感受空間而非
再現空間，有別於工作室和書店。引發感受需要異樣與震驚，不只是觀
看作品，而是要製造氛圍。對此需改變觀念的是藝術家──改變自己是
知識、文化、思想給出者與給定者的自我認知。重要的是現場、與眾不
同的現場。這才是新的藝術的現實！什麼是展覽氛圍？就是包圍你身體
和精神讓你浸漬呼吸其中的某種氣息，是虛是空而非僅僅為實，是藝術
作品的相互關係和空間象徵。對此體會，只要去敦煌、雲崗、龍門大佛
石窟就會明白，這些巨大雕像當年都在面積有限的石洞和建築裏，為的
不僅是讓人觀看而且是讓人感受，而真正重要的恰恰是現場的感受性。

2013-12-31 11:41分兩次發佈

古代貴族養士是護育人才培埴文化的有效方式。戰國武力紛爭，士人仍
有安身之處，以至文脈不絕，學術有繼。西方文藝復興亦複如此，美狄
奇家族供養藝術家即可為例。今中國資本興起，有志文化的資本家應大
力助士，即去掉舊時養士之人身依附，代之以現代合同的獨立人格關
係，助長中國文化與學術將功莫大焉。並非一切關係都是利益關係。許
多資助學術藝術文化的基金會並不營利。助士之說乃是社會贊助的個人
化，不妨提倡也不妨嘗試，以助開闢更多資本善意化的途經。

2014-1-2 13:06 分兩次發佈

即使天下皆醉，即使黃鐘毀棄瓦釜雷鳴，即使知其不可而為之，只要有
可能，亦應承延文化推進學術。有一個孔子，周朝可潰周文化尚存；有
一個屈原，楚國可滅楚文化不滅。不要因大而失小，真學術真藝術個人
就能做的。偌大中國，有志者尚存。

2014-1-3 18:57

現在的中國教育只幹了一件事兒，就是一定要把房子修好。還有三件大事沒幹：1，政黨退出學校；2，變臣民教育為公民教育；3，教育獨立教授與教育家治校。如此這般，逸夫先生為中國大學捐樓三萬座方不枉也。

2014-1-8 06:39

驚聞劉自鳴女士于2014年1月18日淩晨逝世，無限悲慟。劉自鳴曾留學法國習畫，後來長期呆在雲南。兩耳失聰，潛心創作，作品吸納印象派之後的結構主義因素，形式講究，色彩高雅，為五十至七十年代少見的有現代繪畫傾向的女畫家。其同學吳冠中先生見到她的畫曾說："你比我畫得好！"——這話可是一點不假。

2014-1-21 06:43

和藝術家奚樂交流，談到一個觀點——其實也不是什麼觀點而是為人的態度——就是：思想要大，做事要小。從身邊隨時隨處可以做的事情做起，不放棄不屈服，儘量去改變你所不滿的現實。人不能只有順從沒有思考，也不能只有思考沒有行動。

2014-1-27 17:52

什麼是色情？什麼是暴力？既無法律依據，亦無學理論證。這無非是大陸審查制度的藉口而已。怎麼判斷？誰說了算？我知道李占洋雕塑作品《武松殺嫂》，動態有如舞姿，很荒誕很幽默，一點沒有血腥，反而出人意外。作者回答我就是要表現色情表現暴力，一點沒錯，"表現"不等於提倡，這點常識應該有吧？

2014-1-29 22:41

央視春晚：用各種手段、各種形式、各種科技炫目，討好賣乖，賣身投榮，馮小剛你真捨得——用重慶人一句歇後語說：脫了褲兒打老虎，又不要臉又不要命。馮小剛下課。做你的偷油婆夢去吧！在今年春晚上你終於發現：中國迄今為止最好的文娛節目還是"江青同志"創造的。馮小剛，所謂文革後一代暗戀的居然是皇后！"你太有才了！"馮小剛可以接北朝鮮金三胖的業務了！為馮小剛羞恥，為馮小剛那一代人羞恥，為我是馮小剛同一代人羞恥！

2014-1-31 00:27 分四次發佈

王華祥這話說得好，我們都應該走到美術史的背面去——包括後面、下面、裏面及各種側面和反面。

2014-2-1 08:33

傻逼不僅知道《紅色娘子軍》是時代精品，還知道江青同志是毛澤東的婆娘！就是不知道文革死了多少人？有多少編導、演員、舞者挨鬥受辱？有多少經典、文物、文化遺存被毀被燒？就是不知道文革十年的中國是全世界最傻逼、最無恥、最惡劣的國家！

2014-2-1 10:52

向朱新建致哀！想當年新建兄來川美看我，一飛機直接飛到成都，出機場打的就走。到我家便嚷嚷：你們美院離機場怎這麼遠，打的花了我一千塊錢！我沒錢了怎麼辦？我只好笑著說：畫畫兒吧，我叫人來買。——於是新建兄在我家畫了好些畫兒，想想真讓人懷念！永遠懷念您，率真可愛、才氣橫世的水墨畫家朱新建。

2014-2-10 09:27

中國國家美術館將建成世界最大國家美術館——中國式的誇張與做作。隨便哪個國家，拿個飛機場來建美術館，都可以搞成世界最大。但人家不這麼做，沒這麼傻逼。美術館是人看畫看作品的地方，要這麼大來幹嘛？

2014-2-10 11:13

朱新建不是新文人畫的代表，而是新繪畫代表人物之一。這裏的區別是：前者與今天的文化語境無關而後者必有關聯。

2014-2-10 12:36

在應試教育即臣民教育橫行的情況下，每個家庭都應想想要怎樣培養孩子。首先是培育良知，進而是理解法制，在此基礎上形成健全豐富的自我意識；然後是分辨現行學校教育哪些是可學知識哪些是奴化欺騙，從中樹立起正確的是非觀。公民教育當從有公民意識的父母開始，推動大陸教育的根本改變。在此前提下，男孩兒側重責任感，女孩兒側重判斷力。民間有言"窮養兒子富養女"，說的就是男女教育有些區別。兒子多磨煉，女兒多修煉，磨和修不同，但都是要煉的。

2014-2-13 08:24 分兩次發佈

懷念高居瀚先生：1991年6月28日中國畫研究院第一回文獻展研討會。高先生說，"組織者在非常困難的情況下辦成這個範圍廣泛、充滿朝氣和高水準的展覽"，"作品有自己的追求和發展的節奏，包含著極大的可能性，即建立獨立的中國當代藝術，當然它是世界當代藝術的一部分"。事後我們一起去了圓明園東村。

2014-2-16 06:07

施進滇工作室，地點是成都青城山。離城很遠，離藝術圈也很遠。這裏青山幽谷，翠林環繞，人少氣清心定。其工作人員就是附近農民，就近打工，快樂就業。中午飯由她們做，自種的蔬菜加上自製臘肉香腸，的確非同一般。進滇兄在此為藝，與眾不同，乃出自天分與天然矣。有感於斯：藝術者何必江湖！

2014-2-18 13:17

批評總是要求自己生活在明確之中，但要做到這一點，必須不斷去反思那些都以為明確和自以為明確的東西，。所以，一個從事藝術批評的人始終處在從不明確到明確的過程中，永遠走在回家的路上。

2014-2-22 06:55

義大利教育部直屬卡坦棻羅國立美院最近由A.R.巴貝勒教授（合作者王林、講師宋鋼）開設全院學生選修課程"中國當代藝術（1979至今）"。巴貝勒教授坦言他參加第55屆威雙平行展《未曾呈現的聲音——中國獨立藝術展（1979至今）》留下頗深印象而有此思路，幾經來回論證形成共識。今日至3月13日開講，謹表祝賀。

2014-2-24 15:13

漢斯立克說"樂曲的內容除了聽到的樂音形式之外，沒有其他東西"，這話的前提是：音樂不傳達情感（?!），音樂傳達的是情感的結構，或稱情感程式（精准），所以，音樂是樂音的結構形式。——由此可以解釋，為什麼同一首愛情歌曲，熱戀時聽著歡欣，失戀時聽著傷感，那是因你在同一程式中輸入的東西不同，故結果大相徑庭。

2014-2-26 12:05

不僅西方學者討論中國當代藝術的著述很少翻譯過來,中國學者同類著述也很少翻譯過去。只有少量身居域外者隔靴搔癢稍有言說。中國當代藝術的國際出場已成現在進行時之勢,現場批評、動態研究與歷史梳理的交流皆有賴於翻譯。有見地的學術機構、基金會及年輕批評家、翻譯家若能致力於此,必將有大作為矣。現狀令人沮喪,但努力總能改變,文化交流只能盡力而為,逐漸滲透。想想當年那些來中國的傳教士,不遠萬里,窮鄉僻壤,孤身無助,看看今天中國年輕人一到耶誕節的興奮勁兒,就知其苦行之功效了。

2014-2-27 17:43 分兩次發佈

西北王炎林、中南海朱振庚之所以尚不為人重,是因為他們不在京城,只有作品可見而無關係可言。——中國當代美術史迄今為止的寫作,一是關係學二成功學,還有就是當面造假的厚黑學。江湖化的美術史和官方化的美術史一樣,是無學無恥的謊言與騙局,再好也不過就是商業廣告而已。

2014-3-7 18:33

中國教育哪里是去行政化問題,是去政黨化!去奴化教育、臣民教育的問題!還教育於民,還教育於民間,讓公民教育獨立于政黨意識形態,中國教育方有希望。大學自治,教授治校,校長負責制。學校亦需行政管理,但屬服務性質。共產國際讓一切權力歸蘇維埃的極權統治從來就不合時宜,社會權利分享勢在必行。

2014-3-9 09:26

在場的博弈非常必要。學者之為，不是等一切清明再做學問，而是為了清明奮力於學問。學問學問，一學二問，學必需的學識，問當下的問題。凡學者，東西方皆同，即人在體制之中反省與批判制人之體制，此可謂"身在曹營心在漢"，"生活在別處"等等。榜樣者美國學者薩義德是也。

2014-3-9 11:09

美院新校區菜花開了，很多市民結伴而來，也有踩進去照相的、摘花的。有人反感，說要封門不讓人進。其實不然。大字校園乃公共資源，歐美就很少有建圍牆的，美國校院即使偶發槍擊案也不會因此關閉。大學不是訓練營，而是培育自由公民之地，開放性乃是其本質特徵。即有個別人差點兒，也沒甚關係，慢慢會改變的。

2014-3-11 08:26

學術項目化，管理行政化，思想政黨化，意識官方化──如此四化，中國的大學還有什麼創意和追求可言?!

2014-3-15 22:19

湖北藝術有如今局面，有一個重要原因，就是有過周韶華這樣有著革命經歷的藝術家掌權。周韶華不僅在創作而且在寫作上參予並支持新藝術，難能可貴，貢獻巨大。能與之比肩的人只有一位，那就是參加過新四軍、支持《江蘇畫刊》的索非。

2014-3-16 10:55

看今日《重慶商報》："你說你在黃桷坪學畫畫"。忽然想起前兩天碰到招辦主任，說正在評卷，考卷有八萬份，需評一個多月。——恐怕義大利或法國，舉國也沒這麼多人學藝術吧？有人統計中國幾大美院所占市場份額，川美為最，這是很吸引考生的。但最近招聘人才，來報美術學的人卻很少，這說明什麼問題呢？

2014-3-20 18:17

王林策劃《攝影不再可信——賀興友作品展》今日在今日美術館開幕，下午5時舉行開幕式。屆時有十幾藝評家和數十藝術家到場（皆"著名"）.可謂群賢畢至，諸友咸集，助展一樂，在此先行謝過。賀興友乃攝影界老手、當代圈新人，新老之間，自有可看之處。其姓為"賀"，名曰"興友"，皆是以展會友的詞兒。

2014-3-22 07:22

什麼是民主？其實質乃民權之分享與彰顯，其方式乃抗議與協商，兩者均需法治、理性與對話。臺灣抗爭服貿的太陽花學運以民運而非政黨擁眾方式表達民意，無可指責。其間對於對岸以經為政、拒談民主的極權統一保持警覺，亦說明臺灣百姓之政治覺悟。但：一，攻佔立法院並造成破壞之違法行為不可行二，國民黨以立法院票數之優拒絕協商說明馬英九尚存政黨高於人民之思，這是國民黨從其極權歷史中必須不斷反思的；三，民進黨以反對黨身份出場，決不能"凡是反對國民黨政府的我就擁護"，這恰恰是政黨不成熟的表現，而更應秉持客觀、公正、法制之監督者立場，而不是只顧政黨奪權願望。——民主從來就不是最好方式（這世界上沒有最好的方式）只是相對極權，是較好和不是最不好方式。民主實施的過程，是政黨和民眾的自我教育，必然經歷衝動、粗糙到正常、文明的過程。臺灣是亞洲民主進程的實踐者和實驗地，我們應表示致敬。不要因學生、政黨之某種失誤，而對中華民族走向民主失去信心。

2014-3-26 08:46 分三次發佈

王林、羅一平策展《未曾呈現的聲音——第55屆威尼斯雙年展平行展文獻與案例展》於3月28日下午3時在廣東美術館舉辦開幕式。文獻部分展示威尼斯現場作品及義大利天空電視臺採訪等，案例部分展示九部分十八位元藝術家參加威展作品。展期一個月。四月《畫廊》雜誌將專刊發佈海內外關於展覽前後相關資訊。本展小結有三：一、廣東美術館《未曾呈現的聲音——第55屆威尼斯雙年展平行展文獻與案例展》；二、《畫廊》雜誌2014年4月號專刊；三、四川美術出版社2014年9月出版（預計）《未曾呈現的聲音——威尼斯策展紀實》。敬請圈內外朋友、網友關注。

2014-3-29 12:08 分兩次發佈

"西岸之夜"晚宴在上海西岸油罐藝術區舉辦，隨著龍美術館、餘德耀美術館等今年相繼開館，這裏成為上海又一美術館群落。中國現在不愁場館，也不愁聲勢，只缺少真正的學術、獨立的藝術和自主自由的民間文化權利。

2014-3-30 07:52

吳冠中對形式美的理解與貢獻，對中國藝術而言，是歷史性的。但其對現代藝術的理解亦止步於此——即形式和美的關係，而對形式和非美、和醜的關係則無力涉及。究其原由，乃是受藝術為人民服務思想左右，用"人民"代理個體，用"形式"取悅大眾，和凡·高對個體生命意識的深刻挖掘不在一個層面上，也不可同日而語。

2014-4-2 10:48

我就是在老美院老巢酒吧被王小箭等人拖上微博的。老美院如其所在地名黃桷坪一樣——黃桷樹，重慶市樹，於川東任何地方包括懸崖石壁均能生長，盛夏濃蔭蔽日予人綠涼。川美紮根於此，與城市生態文脈融為一體，成就一時之名。予嘗見黃桷樹之移植，斬斷手足不成樣子矣。

2014-4-3 07:10

院子裏的石缸，本不知是新是老，戲劇人物石刻一旦長滿青苔，不期便有了歷史感。東西本不稀奇，但春天一來，大自然的表現總是讓人吃驚：石壁上無縫可鑽，卻長上了幾株小草。那嫩，那綠，那毫無顧忌、兀自生長的鮮活，充滿了生命的歡欣。兩者如此親密的結合，只能說明歷史有其自然屬性，乃是不容篡改的。

2014-4-11 09:55

買得石缸，放在院內好久，沒注意有甚特別之處。今日陽光正好，照得雕刻場景凹凸有致，仔細一瞧，啞然失笑：你看那執扇少婦，正在宅外挑逗少年，而此男羞澀避讓，溫文而雅。最意思的是牆頭上一廝偷窺，呲牙裂齒，手足無措，想必是懼內丈夫，氣的了得。——重慶地區自古女權為盛，得此民俗之作不亦樂乎！

2014-4-22 10:49

去西安美院招博，覽園內拴馬樁無數。以獅為主，人物不多。但見數枚，生動如四川出土之漢代說書俑，可知川陝兩地文化聯繫甚密。想當年那些鑿通秦嶺交通的巴蜀刑徒，不由心生敬意。本人生於西安長在重慶，今在川美與西美為教，能如當年開路者竭盡綿薄之力，心滿意足矣。

2014-5-1 18:12

所謂大寫意，如果沒有問題意識，沒有介入性和針對性，基本上是忽悠；忽悠別人尚有養家糊口為由，忽悠自己的話那就太慘了。

2014-5-3 10:04

藝術家創作是思維智慧與綜合能力之個性化體現，其成果貢獻于藝術史而彰顯，但藝術家的言說很難有同樣成就。任何明星都有其專業來歷，但並非凡明星都可以成為思想家。把成功藝術家之隻言片語當作真理奉為聖旨，乃中國藝術界、批評界及媒體人極為幼稚可笑之處，如果不是裝傻賣蒙，那就只能是無聊無恥了。

2014-5-3 10:40

正在雲南大學參加《偏綠───一種與自然相關的態度》展覽及研討會。研討地點是雲大至公堂，聞一多作最後一次講演的地方，很有大學講堂風采的建築。坐在這裏心會變得莊重、人會自有尊嚴，很適合談論學術。──人是需要環境氛圍的，看來以後要弄研討會，得好好選擇地方和會場。

2014-5-24 10:39

聖馬可廣場水上巴士站。所有中國展的船站廣告都沒了，只有《未曾呈現的聲音》還在。廣告只打開幕式，做給中國人自己看，是自慰的表現。殊不知歐洲八、九月休假的多，加上電影節，人氣比六月還旺。展覽既在國際舞臺上，諸多考慮顯然應該更國際化一些。

威尼斯聖馬可廣場花神咖啡店，一百多年前威尼斯雙年展的想法就誕生在這裏，幾杯咖啡的結果，如今早已是國際盛事——藝術就是如此地令人意外。

雲南是植物的天堂，是一個石頭也會瘋長的地方。不僅花木茂盛得魔幻，而且城市就很聊齋。白天陽光燦爛，但看不到什麼美女。可一到晚上，人皆傾巢而出，街市熱鬧非凡。眾多女孩兒倩影綽約，美麗搶眼。黝黑皮膚溶入夜色，身材嬌媚特別突現。而此刻的風溫順流淌，有如女人的手，撫過你的臉便會產生幻覺。

2014-5-24 12:11

在瀋陽看藝術家工作室，發現他們愛在室內盆栽花草；到得機場，最顯眼的也是一堵作廣告的立面生態牆。──東北冬天很冷，入冬少見綠色，不像南方，一年四季窗外碧綠，無須室內栽種。這就像藝術的生長，因地而異，萬不可南北東西統一，服從美協或者批評家意圖。藝術最忌諱的東西就是他者化的權利意志。

2014-6-18 19:26

西行得詩一首，題為《藝術》：有很多圓圈／浮現，消失／消失又浮現／／有聲音敲擊／飄散／在灰色的空間／／有記憶閃過／一閃而過／如慧星劃過暗夜／／有一隻老鼠／膽怯走來／顫抖中變成蝙蝠／／有一個觀念／如鷹／箭擊大地／勇猛追擊著逃竄／／重讀藝術史／有什麼東西蕩開／在剛剛聚集的視線裏／蕩開／不再有什麼東西／／不再有什麼東西／孤獨的心和孤獨的眼／這世界──／並沒有孤獨作為孤獨而存在／／（2014年6月16日晚，西安美院學術報告廳）

2014-6-19 10:04分兩次發佈

雨中黃桷坪：儘管我們深受污染之苦，但仍然享受著工業文明帶來的幸福。聽說電廠將會搬遷，固然令人歡呼雀躍。但老實說，多年了，我已習慣晨起推窗，看見高煙囪和高壓線塔架。是它們以簡煉的線條，勾勒出天空的形狀，尤其是在天色昏暗、心情沉悶的那些日子裏——黃桷坪，我的並不美好卻難以割捨的故鄉。

2014-6-20 08:11

足球於我只在意外。德國勝巴西，意料之中，然5比0的進球，恐怕全世界沒一個人想到。下半場巴西能否讓人高看一眼，來兩個精采進球，雖敗猶榮也。不知道。只有期待，期待意外，期待意料但結果意外——足球之魅力，藝術之魅力與人生之魅力亦在此乎?!

2014-7-9 05:04

對聯一幅：難得高大全，以夢為馬，畫餅充饑，只剩兩日圖個球；好個偉光正，用權謀私，偷樑換柱，還有幾天想得美？橫批：看看世界——悲（杯）

2014-7-11 07:04

7月11日早上五點一刻從家出發至午夜一點三刻分歸家，共約二十小時又半，從重慶經停鄭州赴瀋陽再如是返程，參加前後半小時新聞發佈會。展覽於七月二十五日晚在瀋陽天地開幕，作品植入商場各部，或據場地而創作，或循空間而佈置，藝術家各有發揮，展期兩個月。歡迎瀋陽的朋友來參加開幕酒會並參觀作品。

2014-7-12 11:25

黃桷坪之夜，總是熱鬧而興奮。你不明白從哪里冒出這麼多人這麼多攤販，還有他們賣的東西有誰要買。你無須擔心，因為賣不到錢，他們是不會來的。這裏的人很辛苦，也很坦然，隨便弄點東西似乎都有人要買。沒有城管的兇神惡煞，沒有市容整潔的過度要求。讓人能夠容易地活下來，這就是老美院所在的黃桷坪。

2014-7-15 23:21

其實近視眼也有好處，特別是在晚上摘下眼鏡遠望城區：樓房的界線模糊了，成為大小不同、邊緣漸變的幾何方塊；燈光不再清晰，溶解為各種各樣輝煌的色斑——一幅絢麗的抽象畫，只因視矩的改變而產生。由此聯想到一位盲人，他去各地旅遊，不能看，只能聽。通過聲音交往，他同樣可以感受世界並且如此獨特。

2014-7-20 08:28

《拆掉那堵牆——瀋陽天地當代藝術現場展》將於今日晚7時在瀋陽天地文化休閒商場開幕，作品全部置於商場環境中。王林策展，共27位藝術家一百多件參展，包括繪畫、雕塑、裝置、影像、服裝表演、現場行為互動等。

瀋陽天地的鐘經理告訴我，門禁統計每天有1萬3——1萬7千人次入場。《拆掉那堵牆——當代藝術現場展》展期兩月，約有七、八十萬人次看到展覽作品。這個數字很驚人，在美術館這樣的展覽，恐怕有一萬人參觀就很不錯了。說明當代藝術作品的確應介入到城市公共空間中去，讓城市市民順便瞭解、觀賞當代藝術。

2014-7-27 18:16分兩次發佈

美協最得意和最悲哀的事兒相同，就是居然還有人來假冒：假冒說明美協會員之名還有點用，裝樣、騙人、評級或許皆可助力；但只這點用，和"中國"、"美"還加"協"的名份差別太大。美協非垮不可，早垮比遲垮好，自己垮比別人讓垮或叫垮好。垮的原因很簡單，就是對藝術有害無蓋。

2014-8-3 03:16

都是市場惹的禍！只管出名的那個名，哪管他做什麼？做得好不好？徐冰《鳳凰》在外評獎便是一例。老外俗，尚有不知情可諒；國內更俗且明知故捧。用批量工具做作品，國內早已有。徐用之造形鳳凰，庸俗之極且毫無創意。此乃徐冰最差的作品，老外一樣有看走眼的時候。人皆有誤，只能怪國內媒體傻逼！

2014-8-6 21:57

藝術需要真理，但真理需要真誠；有真誠不一定有真理，但有真理必須要有真誠──哪怕是惡的真誠。

2014-8-6 22:18

男人做的事都只能證明自己而不能證明上帝，只有男人和女人一起做的事兒能證明上帝存在並見證人的存在──雖然有罪。所以男人自認偉大其實不然，女人不夠偉大卻很真實。

2014-8-7 07:04

楊千有件作品畫的就是放焰火，正常燈光下燦爛奪目。這是官方典型的慶典活動，輝煌盛世假像中掩蓋著軍政秘密、社會壓迫及種種黑幕。作品在黑暗中紫光燈下，焰火變成了蘑菇雲，讓人驚悚與恐布。──同樣是焰火，蔡國強在討好賣乖，，楊千在揭示揭露；同樣從國外回來，誰是真正的當代藝術家不是很清楚嗎？

2014-8-10 09:17

"實驗"這個詞兒重出江湖，有一個權力爭鋒的背景，中央美院的"實驗藝術"和中國美院的"跨媒體藝術"較量，前者占了先手。此詞兒已被官場化和官方化，也必然被官場和官方意識形態化。批評要研究的地方正在這裏，而非這個詞兒本身有如何如何的含義，特別是與語境及上下文無關的含義。

2014-8-22 09:04

家門口添了座石雕，費幣二千，尚不知年代，只是取其型。聞一多曾論龍鳳，說中國一定要有圖騰的話，那還是選擇獅子罷。吾觀近代史以降，前清如睡獅，民國如吼獅，文革前如狂獅，文革中如惡獅，文革後如瘋獅。想聞先生之所言，一定是雄獅。──雄獅之於中國，而今安在哉？故問：是人刻石雕還是石雕塑人也？

2014-9-2 10:32

有言無言月自圓，有情無情問蒼天；有心無心嫦娥笑，有意無意歸去難。──中秋有無並不重要，重要的是微博微信網友中秋快樂！

2014-9-8 17:57

我很願意和華祥兄討論杜尚。杜尚在現代藝術與商業結合根本點上下藥，幹掉了樣式主義在美術史上的合法性，功莫大焉亦罪莫大焉。杜尚是既成知識系統既成權利關係的搗亂者，前無古人後無來者，一切謀權謀利者避不開他，只好扶持小杜尚，此西方博物館系統及畫廊之所為。
面對杜尚只有一句話：藝術自由萬歲！

2014-9-16 10:44

讀史有感：其一.從來貧富殊，哪有階級仇？一根皇權杖，多少百姓頭。//其二.用人當用心，治國當治律。空談主義真，必定是權謀。//其三.衣錦思歸鄉，霸王刎烏江。高祖加海內，宗土即信仰。//其四.好個陸放翁，示兒九州同。世上有難事，筆底去急功。//其五.為人須為傑，做事須做絕。從來為藝者，殺人不見血。

2014-9-16 11:46

"也許，中國當代藝術的發展還需要金錢，需要自由，需要溝通和理解，但最需要的恐怕還是專注、真誠的精神投入和堅韌、持續的工作推進。"——偶翻94年臺灣隨緣基金會出版的《藝術家文摘》，想起當年王文紀在大陸出書辦雜誌（如藝術潮流）之一番作為，令人感慨亦感謝。王先生消聲匿跡多年，而今可好否？

2014-9-19 06:40

美院總的說來，還是好人多壞人少。壞人只有一種，就是壞人。好人有八、九種：一曰二，二曰萌，三曰瓜，四曰東，五曰憨，六曰曠，七曰喜，八曰寶，九曰神。神者自足，寶者自詡，喜者自娛，曠者自由，憨者自賞，東者自愚，瓜者自傻，萌者自為，二者自戀，反正自以為是者，在美院可以自行發揮。

2014-9-21 17:39

萬物有靈，包括家中雕塑。晨起靜坐，不知卯時已過。朦朧睜眼，它們就在那個角落。自在自為，啟動其他物件，仿佛喚醒了周圍空氣，迎來第一縷陽光。藝術品是有生命的東西，始終活著，在你周圍空間浮動。有時沉默，有時發出聲響，有時觸碰心靈黑暗之處──閃現些微火花，讓人不致於就此喪氣、放棄與墮落。

2014-10-3 08:12

重慶師大60周年校慶，中文系改成了文學院，這大概是根據所謂學科門類而設的。沒錯，擴招，但總覺得彆扭，就像母親突然改了姓，不知何故。中國的事兒總是放大、誇張，不在乎歷史的延續性。我不明白，中文系改學院，叫中文學院有什麼不好呢？香港不有中文大學嗎？如果叫文學大學多彆扭啊。

2014-10-20 12:21

文藝不做市場的奴隸、金錢的奴隸，好極！文藝不做權力的奴隸、政治的奴隸，對麼？

2014-10-23 23:59

四輯：人有人的活法

聽說丹麥成了幸福指數最高的國家。什麼是幸福？幸福有四種：幸福，很幸福，最幸福，不是最不幸福。

2012-4-5 22:31

變換的天地其實變化很小，不變的自己其實變化很大。

2012-5-25 18:04

足球之好看就在意想不到，運氣之好歹也在意想不到。懂得這點，藝術懂了一半，人生也懂了一半——此可謂事半而功倍。

2012-6-10 01:00

全世界吃飯最好玩的地方在重慶，因為可以喝酒劃拳。重慶吃飯最好玩的地方在黃桷坪，因為可以劃各種各樣的拳，比如"黑漆漆的夜呀，什麼也看不見哪——美女呀美女——英雄呀英雄——色狼呀色狼！三種動作，迴圈輸贏，興奮程度不比看世界盃差。重慶人對旁邊人大聲劃拳不反感不干涉，而是說：他們高興！重慶是全世界唯一一個不反感、不干涉別人喝酒劃拳的城市，應該申報世界非物質文化遺產，讓大家都來重慶痛飲。重慶應以劃拳的酒神為城市圖騰，飲酒樂甚，擊掌而歌之。

2012-6-12 21:09

這是汕頭老城的照片，很有歷史特色的建築。可現在一片破敗，沒人維護。想其命運也只有政府賣地賺錢，然後拆除開發房地產，官商勾結再賺錢——錢，錢，錢，在中國全是為了錢。沒有歷史底線，沒有道德底線，沒有人文底線，還談什麼文化大繁榮，大發展？

2012-6-17 17:47

潮州開元寺非常不錯，建築佈局精緻，唐風依然。入內陽光忽來，頌經聲起。尤其是庭中兩棵菩提樹，枝繁葉茂，高大壯碩，於世少見。聞言前世方丈病重，樹葉全枯，待方丈圓寂時一夜盡落。樹尚有情如此，人何以堪？

2012-6-18 07:18

於丹加入作協是順理成章的事情，她本來就是李燕傑式的宣講人，無非是五講四美加上孔子語錄。孔子最偉大的地方在於開千古民間教育之風，為中國民間自辦教育取得合法性。現在中國教育悉數屬於官方，民辦學校也由官方統治。于某好說孔學，避此而言他，有甚研究可言！進入假民間真官方的，作協可謂適得其所。

2012-6-18 08:58

霍金願賭服輸，敢於承認自己錯判上帝粒子，令人佩服。孔子曰：知之為知之，不知為不知，是知也。——再加一句：誤知為誤知，亦是知也。

2012-7-7 09:28

每一個奧運冠軍都是偉大的，不管他（她）來自哪個國度——即使是流氓無賴的、充滿血腥和欺騙的專制極權國家。因為奧運冠軍所證明的是個人所能達到的人類的能力。不管他（她）的身世和命運如何，像貌性格如何，人類的每一個個體都能從中受到鼓舞。讓我們為倫敦奧運會歡呼，因為沒人強迫我們非歡呼不可

2012-7-12 20:39

孔子說君子喻于義，小人喻於利，時代不同了，君子也要喻於利，但義
利之別卻必須清楚，義利矛盾時則取義棄利或重義輕利。小人則混淆義
利，借義謀利或以利蔽義。──由此可見，小人始終是小人；而君子則
須因時代變化而更新自我，否則便是偽君子。偽君子不過是裝成君子的
小人，終是逐利而輕義、蔽義、滅義

2012-7-26 15:09

奧運56公斤級舉重選手昊景彪拿了銀牌，對著鏡頭三鞠躬，說有愧于祖
國。──此言太荒謬。奧運無非是人挑戰人類身體運動極限的體育活
動，哪有那麼多的國家意識形態強壓其上？爭得金牌于人于國固然好，
但沒拿到"有愧于祖國"，那奧運會上的絕大多數運動員豈不是都成了有
愧之人？真是多餘的道歉、可悲的虔誠。

2012-7-30 09:50

成龍編導的《倫敦祝福你》魚龍混雜，泥沙俱下，磕頭作揖，討好賣
乖，令人不得不想起一句特指的話：婊子無情，戲子無義。真可悲！

2012-7-30 10:23

香港機場真不錯，服務非常到位。我們從阿姆斯特丹轉機，航班延誤三
小時，到香港轉國航只有一小時，非常緊張。廊橋出口即有服務生指
引，直奔通勤列車到達E1。有專門人員幫你取行李，辦托運。你只須
休息坐等消息。等一切弄好，還有人送你到登機口。坐上飛機，只覺得
很受尊重──尊重的需要才是最高的需要。

2012-9-3 23:36

重慶秋天很獨特。經過酷暑的植物，仿佛是重見天日的囚犯，終於可以深深呼吸空氣。枝葉很茂，如在春季。時常下雨，濕而且暖。但桂花不管晴雨，兀自開放，白雪的、金黃的，夜裏散出沁香，清晨也未停息。嗅到香味，心會放緩，人會變得溫柔些：何苦來呢？人生如夢，來壺桂花酒，凡事兒總是會有結果的。

2012-9-25 08:19

人大論壇，六個學科門類，每人十五分鐘。我只談了當下藝術教育的兩個問題：一，藝術史論的強政治化。用一種唯一的理論和史觀來指導、闡釋藝術史論，十分荒唐；二、藝術教育的非個性化。主張現代教育方式與傳統教育方式結合，即課堂與作坊、師生與師徒、學院與畫院書院結合，還教育於民間、還大學以自治。

2012-10-5 09:18

當今文人太過聰明，邊界有兩條：一是絕不殺身取義；二是總會留有後路。活命哲學，對人無可厚非。但如果義非殺身而不能取，路只絕途而必須走，又怎麼辦？如譚嗣同、如林覺民。每每想起同鄉鄒容《革命軍》抵抗專制之熱情，仍然感懷先輩的崇高與偉大。中華之大之久，時至今日，還有多少人願意為您獻身？

2012-10-6 07:39

孤獨之所以讓人痛苦，是因為你總用其他的事情來干擾它。

2012-10-6 09:44

馮銘原為西師美術系畫家，1991年去世時托人送我一卷畫，什麼話也沒留。我和他不認識，也沒見過面。一直想為他做個展覽，二十年後如願以償，做成展中展：《馮銘作品展》，獻給在天之靈。其作以宿命而又荒誕的悲劇性，深沉表達了人類的精神病態。作品日後將永存本人書院，以饗後世。

2012-10-8 07:37

窮人裝富人，除了愛面子的之外，為的是更好的騙人；富人裝窮人，除了怕露富的之外，為的是更好的做人。

2012-10-21 12:33

我家門旁的小巷，是玻璃頂，日光總可以照進來，又不太強烈。這裏沒有裝飾，質樸而安靜。平常只是從這裏經過，沒怎麼注意。也許正是人不注意，它成了小動物安息的樂土。近來發現不少蝴蝶之類的飛蟲躺在地上，它們不知從哪里飛來，停下，然後靜靜等待死亡。多麼神秘而偉大的生命啊，真捨不得掃走她們。

2012-10-23 16:29

重慶像座現代城堡，走進去就像走進峽谷。都是建高樓大廈，這裏得天獨厚：因為是山城，建築構成了壯觀的立面和變化的天際線。又因規模巨大，加上兩江襯托，有種未來空間與太空城池之感。入夜萬家燈火，天水相映，確實與中國其他城市有別。只可惜宜遠觀不宜近瞧，城市細節比香港差了許多。

2012-10-26 10:02

有事到四川廣安，前往參觀鄧小平故里。占地不小，做得倒也不錯：自然、樸實、寬闊。田園與公園相結合，綠樹成蔭，鳥語花香。只是中央諸部、百色諸地、茅臺諸廠，各路捐贈造林造景，皆有石刻陣列路旁，不免有煞風景。想來表示也可，不必如此誇張，敗了遊人興致。

2012-10-26 11:55

銀河很大，藝術很小，個人更小——人的偉大只能是以小見大。所以凡自大之人都是不明事理之人。抬頭望望星空吧！看不見的東西，都可以想像——銀河就是先有想像後有觀察，在想像中觀察，在觀察中想像。

2012-10-31 00:47

清晨起來聞鳥語唧啾，原來陰雨暫停，天空開朗。水邊平臺一叢蘆葦站了數隻小鳥，個頭不大，長得精緻可人。蘆枝不粗，稍有動靜，便上下左右晃蕩。鳥兒隨之搖曳如小舞蹈者，又像是相互挑逗的情人。偶爾彈飛起來，用翅膀把自己固定空中，實在是本領高超。——不忍打擾偷偷拍照，稍遠點兒。

2012-10-31 08:21

向宋美齡致敬！賀聯曰：美齡百歲，蓋世美女無雙；偉人一世，舉國偉業為最。

2012-10-31 13:42

真之為言有三：一曰真實，即求取事實為真，認識事實的邏輯為真；二曰真誠，此心可對上天，一日三省吾身；三曰真理，以個人連接眾人、以周遭連接世界、以當下連接歷史、以現實連接未來，從中認識必然的關聯並理解偶然的變遷。以真實、真誠、真理為自我追求的價值，人生不枉矣。

2012-11-2 10:14

貓和狗不同的地方在於：貓是專業人士，相當於白領，有一技在身，故心高氣傲；狗是普通勞工，相當於藍領，無特殊本領，故垂首尾隨。只要瞧瞧老闆的不同態度，就知道貓狗和主人的關係了

2012-11-11 10:29

我曾在日本熱海的小酒館，和一群中國朋友喝酒。席間有人突然想打撲克"鬥地主"，但沒牌也不知何處去買。旁邊有位長得象寅次郎的日本人起身出去，過了一會拿著兩付撲克牌回來，小心地問我，你們要的是這個嗎？我當時感動得真想擁抱他！後來我們請他一起喝酒唱歌。想起來真快活！

2012-11-15 21:36

青蛙幸運與否不能自己以為，而是喜吻青蛙者選擇時一錯再錯的結果，此可謂負負得正——青蛙的幸運是：王子千萬不要出現，最好是本來就沒有但大家假設是有的。哈哈！如果找不到王子，就一直吻青蛙吧！但問題是：有的人吻著整容的癩格寶，還以為不是青蛙是王子哩！

2012-11-18 11:53

北大學生轟的哪是於丹，而是捧紅於丹的勢力；轟的哪是水準高低的事兒，而是于丹作為一個符號，遮蔽了什麼、掩蓋了什麼——可憐牙尖舌快的于丹女士，到現在也沒弄明白，很可能一輩子也弄不明白。

2012-11-18 14:00

美院新校區菜花開了，很多市民結伴而來，也有踩進去照相的、摘花的。有人反感，
說要封門不讓人進。其實不然。大學校園乃公共資源，歐美就很少有建圍牆的，美國
校院即使偶發槍擊案也不會因此關閉。大學不是訓練營，而是培育自由公民之地，
開放性乃是其本質特徵。即有個別人差點兒，也沒甚關係，慢慢會改變的。

於丹說《論語》，知不知道孔子是中國第一位成規模在民間辦學的教育家？而今教育全部官方化，這是尊孔還是反孔？教育與受教育權利不交還民間公民社會，中華文化復興無望。于丹身為大學教授，是真不明白還是裝不明白？

2012-11-18 14:41

世上本沒有你的路，因為你必須走，於是便有了路；世上也沒有你想走的路，因為你總是想，於是便有了想走的路。

2012-11-21 05:55

網上有三種人很討厭：一是自以為是，動輒發情撒野之人；二是侵人隱私，生性嗜痂好糞之人；三是假裝正經，專事計利滅義之人。第一種潑婦，第二種屌絲，第三種奸細。這三種比毛左、傻逼、五毛更可恨可氣，因為毛左有時左得可笑，傻逼有時傻得可愛，五毛有時忒可憐──只剩下一毛不到了！

2012-11-21 06:16

個人生活需要爭取，社會生活需要妥協。爭取需要實力，所以人要努力學習；妥協需要度量，所以人要尊重他人。前者為己，後者利人。利人並不為己，因為他人利人，便包括你在內。

2012-11-21 16:02

人湊在一處非說話不可，不然肯定出事。打麻將的好處是幾人聚會，你可以說，也可以不說，還可以亂說，甚至罵人，沒人當真。這說話的自由在中國可不容易，唯麻將桌寬容待之，挺好！不會打麻將者沒體會，張嘴亂說，又不是在麻將桌上，這不對。如果真想有時亂說話，那就學四川人打麻將吧！

2012-11-22 10:19

要先拾起，後放下，不然就沒有可以放下的東西和可以告別的物件了。不要擔心放下的東西會變質，不要期待告別的物件會回頭。羅曼‧羅蘭筆下約翰‧克裏斯朵夫臨死時想到的是：感謝那些愛過我和我愛過的人。——為了這個念頭活著，會是一個幸福的人生過程，儘管苦難是不可避免的。

2012-11-30 08:42

人生有許多遺憾，姑且列舉幾條：1.本來對數學有點天分，可連高中數學也是自學的；2.從小喜歡文學，還讀了中文系，至多只做了業餘詩人；3.本來應去創建個職業——政治批評家，結果幹的是美術批評家；4.帶的研究生有不少女同學，但一到社會上去開研討會時，見到的全是男人。

2012-12-1 07:28

今夜清閒，一人守家，獨酌：在黃桷坪燒烤攤隨便烤了幾串，很香的雞翅、脆骨、魚皮；再搜出一瓶酒，居然名茅臺，不知是真是假；姑且倒上，煮一束面，就著慢飲，且讀讀微博——旦願不要有什麼壞消息，敗了味口。只是不知此時，博友何在，有一杯飲否？

2012-12-3 19:13

高貴就是嚮往高貴並和高貴的人來往。

2012-12-3 19:52

如果沒有別的辦法，就用微博改變中國罷。詩曰：中國不中，微博不微；人在其中，知著見微。

2012-12-7 04:45

一處旅社，一杯咖啡，一縷思緒，一段文字——微博讓人的孤獨更變得可以品味。

2012-12-14 09:33

這裏的廣告：臺北不僅是座城市，而且是座森林。這讓我想起"森林重慶"的口號。很多大樹被砍斷手腳，從小時生長的地方移植到城裏，它們中大半不能存活。這是城市對鄉村的掠奪與屠殺。臺北最驕傲的地方是有很多很多的大樹和老樹，但沒有一棵斷臂樹。

2012-12-14 17:11

臺北國父紀念館：到了晚上，這裏就是年輕人的天下，回廊上全是跳街舞的潮人男女，動感音樂此起彼伏。國父孫中山的巨大頭像就隔著玻璃看他們跳舞。——問問北京的年輕人，你們晚上去天安門毛紀念堂跳過舞嗎？能跳嗎？為什麼不能呢？

2012-12-15 20:20

臺北和貴陽的夜市乃世界之最。我記得上次來臺灣，去夜宵，一條街餐鋪林立，街中兩排食攤，熱鬧非凡，令人興奮無比。昨天怎麼也沒找到。今天遇上夜市之王吳天章，他立即判定此乃寧夏路夜市。一去，果然是。尋一街頭館坐下，一瓶金門高粱，慢慢喝開去。只可惜飲酒人太少，不成陣仗。遺憾！

2012-12-16 01:11

雨霧中的重慶象沉在海底的城堡，穿行其間如遊弋海溝，行道樹冠似海藻飄浮，而計程車中的我，剛剛被吞進魚腹，正不知己為何物也。

2012-12-19 16:38

攝下清晨入室的一縷陽光，這在重慶的冬天實在少有難得。晚上才想起今天乃聖誕平安夜，原來上帝眷顧重慶，普照溫暖。陽光可以讓人一天心情愉快，如同過節。看看照片，只希望明天再來一片光明。——同仁同道同行同鄉聖誕快樂！

2012-12-24 21:02

清晨出行，道路通暢，帕薩特開得很爽，跟我十年的她不知我們就要分手了。我第一眼看見帕薩特2.0時，就喜歡她的姿態和氣度，作為一個找錢不多的大學老師，就是她了！現在突然要離開，真捨不得。且買車置換，不知落在誰手裏，能否善待她？——人和車相處久了，自然有情。想想事態炎涼，人還不如機器。

2012-12-25 11:41

青樓唱戲；紅樓演戲；青樓做秀，紅樓做假；青樓作愛，紅樓作惡；青樓有規，紅樓無度；青樓可存，紅樓當滅

2012-12-28 06:29

2012年的最後一天，推窗一看，呵，旭日東昇，陽光明麗。這在重慶是冬季難逢的好天氣。還有十幾個小時，被稱作世界末日的年度就要過去了。新年老人已做好準備，儘管沒有帶來新的希望，也會為懷揣理想的人帶來些新的信心和可能。——借著冬日豔陽的溫暖，祝網上朋友們新年快樂！一年順心！

2012-12-31 09:25

一輛帕薩特開了十年了，今天置換出手，交車鑰匙的時候，不期按下按鈕，鑰匙燈居然還能發亮。我從未打開換過電池，讓人驚歎莫名。是德國產品性能可靠，固然；恐怕也是物亦有情，睜大眼睛和我告別吧？詩曰：苟知逐利人無義，回憶流年物有情。

2012-12-31 16:27

我家小院梅花開了，沁香。只是重慶冬天不是很冷，枝上還帶些樹葉，稍微繁了點，不夠遒勁。所謂虬枝挺拔，是需要直截了當、乾淨俐落的。不過繁複也有繁複的好處，飽滿、充實、豐富，作為賀年圖片正好。

2013-1-1 17:57

曹雪芹認為，女人似水，男人如泥。女媧造人以泥和水，故中國男人不象男人，女人不象女人。原來還分君子和小人，現在也混淆起來，讓君子做不成君子，形同小人；讓小人不僅做小人，還裝成君子。似水故然好，如泥也不錯，清濁之分不在男女之別，在人品與人格之高下也。

2013-1-6 08:57

在四川美院所在的黃桷坪，棒棒軍沒活可幹，就在路上坐下來"鬥地主"，小賭幾把。路人圍觀，興趣盎然。有人問我為什麼喜歡這裏，髒亂差！但我覺得真實，各種人等各種生態，在這裏很容易存在。梯坎豆花，胡蹄花，吃了三十多年，老闆娘從女孩變成老太太，你還在。這就是重慶老街道，有記憶也有歷史，還有別人對你的認知。

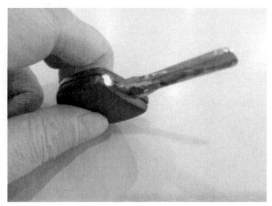

一輛帕薩特開了十年了，今天置換出手，交車鑰匙的時候，不期按下按紐，鑰匙燈居然還能發亮。我從未打開換過電池，讓人驚歎莫名。是德國產品性能可靠，固然；恐怕也是物亦有情，睜大眼睛和我告別吧？詩曰：苟知逐利人無義，回憶流年物有情。

不知什麼原因，今年梅花開得格外好，時間也特別長。梅是有靈性的樹、有靈性的花，大約聽了2012一些傳聞，覺得似信非信，便早早地綻放了一樹金朵，散發出濃濃的清香慰人。有點兒象膝邊女兒，看出父親有啥事，就濃裝豔抹，扮得花枝招展，老在你眼前晃。讓你不知不覺忘記了擔憂，只沉浸在美麗的幻想裏。

2013-1-25 08:55

時值甘地殉難日，正讀甘地奮鬥史。羅曼·羅蘭著，臺灣學生出版社譯，民國57年版本。繁體字，豎排，大陸人讀起來有點懷舊味道。甘地乃20世紀最偉大的思想家與實踐者，堪比19世紀馬克思。只可惜馬克思被人繼承過度，世界被革命害了一個世紀；甘地又無人繼承，以至二十一世紀人類不知該怎麼辦。

2013-1-30 11:46

過年了，給自己寫幅對聯賀歲。聯曰：三面合圍，只好開門見山；一心敞亮，方可行舟逆水。上聯說的是美院新校區住房，左右前三面為其他建築，唯後面向山向水，裝修時打掉了所有中間隔牆，故曰開門見山。下聯說的是人要坦蕩才能戰勝怯懦，幹點自己想幹的事兒。正好兩個成語套用其中，可以相互對仗。

2013-1-31 21:54

趙本山原本諂媚小人，低級下流還歌功頌德。趁陳佩斯受中央台排擠之機竄紅市儈表演，庸俗低級至極。

2013-2-5 19:20

三峽庫區萬州市西山碑乃當年大文人黃庭堅遺跡，屬市級文物單位。在一片商業氛圍中早已不成樣子，旁邊的流水曲觴全是汙物。想當年文治清雅，看而今利營紛爭，四看中國哪里還有文化可言？此處告示說周日、二、三、五可開館參觀，但住在旁邊的親戚說，從來沒開過門。也罷，庭堅兄有知，氣死了也！

2013-2-6 11:38

農貿市場上紙燭攤旁，一隻小狗陪著主人，安心熟睡，酣在夢鄉。大年將至，小狗知否？有無年飯可吃？狗之馴養起于東亞，很可能是中國人最先將野狼變成人類的朋友和助手，和人類一道推動了文明的進步。

2013-2-8 10:27

我喜歡在春節做飯，春節呢其實就是一做飯節加吃飯節。突然想到，如果中國春節變成國際做飯節，多好！讓會做飯的不會做飯的，到這天都做做飯，讓別人來吃——在戰場上讓敵人來吃，在大街上讓乞丐來吃，在村區裏讓鄰居來吃，在監獄裏讓犯人來吃……中國的春節就英特那雄耐爾了！

2013-2-9 21:06

老撾萬象機場：內陸國，社會主義，世界十大最窮國家之一。土地私有，不象中國人買房子，土地只有使用權。人口800多萬，華人20多萬，聚財百分之六十。人民幣換當地錢1比1200，頓時成為千萬富翁。

2013-2-16 07:06

萬象湄公河畔佛寺：寺廟角形突出，金碧色彩，入口處皆有鼓樓，其建築精緻可觀。落在繁茂豐盛的大樹中，顯得富麗堂皇而又親切自然。在東南亞佛教信仰並不因主義被削弱，在越南，在緬甸，在老撾都是如此。不像在中國，主義成了信仰，宗教成了裝飾。

2013-2-16 07:20

湄公河清晨：平靜的河，平靜的水，幾乎看不到流動。萬象對岸就是泰國，很平靜的村莊。偶爾有炊煙升起，嫋嫋飄著，輕輕淡出。這兒生活節奏很慢，相對而言民富國窮，公共設施很多都是援建，除了大米，多數物資依靠進口。政府不發展什麼工業，百姓看著華商賺錢，不著急，不象中國人人忙得猴似的。

2013-2-17 09:17

老撾萬榮：大個兒的桂林山水。國際旅遊地，到處是老外。一以色列女孩聽說是中國人，便和我們合影。二戰時中國人幫助過猶太人，他們的國家紀念館寫著：中國人永遠是猶太人的朋友。二戰時美國人也幫助過中國人，而我們卻始終以美國為敵。

2013-2-18 14:22

夕陽斜映下的萬象街頭寺廟：老撾人很會運用紅色，沉著而不浮淺，豐厚而不豔俗，配與金色，顯得輝煌而又純粹。較之中國傳統建築常用的紅綠金，似乎顯得樸素些。這主要是當地樹木豐茂，寺廟本來就置於綠色之中。朝暉夕陰，即使單純的紅色，也是很有變化的。

2013-3-7 15:48

桃花山終於有了桃花：春天來了，夏天還會遠嗎？——我喜歡夏天，尤其是重慶的夏天，那種在火爐中炙烤的感覺，一團滾燙熱氣包圍著你，把你和世界分開。很少人來打攪你，讓你可以用熱情來鼓勵自己並思考那些需要熱情才能有所改變的事情。

2013-3-12 19:29

在中國這樣一個充滿了造假的時代，我，一個普通的中國人，只能做一個追求真實的英雄——如果連追求真實也成了英雄，那不是我的錯而是時代的錯。

2013-3-15 00:17

本來，重慶沒有值得誇耀的春天。冬衣在身，哪天兒熱起來，春裝還沒怎麼穿哩。但春天畢竟是偉大的季節，這不？院子裏上週末還挺憔悴的藤蔓，竟然變得一壁新綠，鬱鬱蔥蔥。這讓人想起那些資深美女，平素衣著潛伏，一到晚宴上，突然倩麗羨人，讓人刮目相看。

2013-3-20 10:54

由於那些所謂"偉大"的人，給這個世界增加了太多的麻煩，所以，真正偉大的人就是：不給這個世界和別人帶來麻煩的人，不管他以任何的理由。

2013-3-30 19:12

前年種了一叢三角梅，開得忒好。豔麗得令人羨慕，就像在她們的故鄉沿海小城。可去年卻很萎靡，花朵變小，顏色也淡了，讓人為之惋惜。誰知今春一到，竟然精神抖擻，又是滿樹紅花，倩女的范兒。這有點像今天的遷徒者，從一個城市到另一個城市，一旦適應了，你根本分不出眼前的小美人兒來自何方。

2013-4-25 09:57

住在城市高樓裏，好久沒看到這樣的月亮了。咋一見，竟有些不祥之感：流淌下來的光，浸漬在黑夜裏不知去向。因看不見樹影花叢的反光，你已不在月色籠罩中。明月冷冷地瞧著你，沒有同情只有嘲諷，在萬里之遙，在空寂天際，在漂緲而又神秘的鬼地方。──真是奇怪，我，怎麼會這樣想呢？

2013-4-26 23:03

微博四態：寂寞空虛冷；羨慕嫉妒恨；冷嘲熱諷酸；潑皮撒野賴。第一態似文人，第二態近小人，第三態乃閒人，第四態為惡人。我之所向：學人、達人、能人、好人而已。得以為友，不枉網上一遊。

2013-4-27 08:45

下雨了，雨聲淅淅，在平臺上，在水池裏，到處濺起水花。雨霧如墨，調勻了眼前青山，讓平時紊亂的東西也變得統一。我喜歡下雨，這是當知青時落下的毛病。下雨天，隊裏不出工。呆在家裏，可以看看書什麼的。雨讓那些難熬的日子有了間隙，而有了間隙有時就會有詩。在農村曾寫過一本詩集，謝謝天，謝謝雨。

2013-4-29 07:27

春節以後，梅花還開著。不久桃花滿樹，只是時間短了些。接著是海棠，再接著是薔薇。然後有三角梅火紅綻放，讓人著實驚豔。還在架上

宋鋼家裏的烏龜，喜歡人，很懂事兒。一有人來，必在
臺階上迎接。 很有份兒，從來不下臺階。會跟著人，
表示親密，然後踱步走開。吃蘋果、蔬菜，典型的素食
主義者。

馮銘原為西師美術系畫家，1991年去世時托人送我一
卷畫，什麼話也沒留。我和他不認識，也沒見過面。一
直想為他做個展覽，二十年後如願以償，做成展中展：
《馮銘作品展》 ，獻給在天之靈。其作以宿命而又荒
誕的悲劇性，深沉表達了人類的精神病態。作品日後將
永存本人書院，以饗後世。

炫著哩，低頭看看，睡蓮居然也有了花骨朵兒。什麼日子啊，這麼爭妍
鬥豔的。鮮花真好！大自然一到這個時候，就把美麗送人。只可惜我們
終日碌碌，把這些好東西都忘記了。

2013-4-29 08:04

重慶大足枇杷山莊烤羊晚餐：陽光明亮，空氣清新，酒乃枇杷酒，客為
好朋友。突然想起40年前返城在師訓班讀書，有師郎一甯，曾講一別
字先生借樂器，出據將琵琶寫成了"枇杷"。郎師講罷搖頭晃腦念道：琵
琶不是那枇杷，只怪老兄讀書差。若是琵琶能結果，滿城簫管盡開花。
──我師已逝，其形永在。嗚乎哀哉，尚饗。

2013-5-4 19:09

在四川美院所在的黃桷坪，棒棒軍沒活可幹，就在路上坐下來"鬥地
主"，小賭幾把。路人圍觀，興趣盎然。有人問我為什麼喜歡這裏，髒
亂差！但我覺得真實，各種人等各種生態，在這裏很容易存在。梯坎豆
花，胡蹄花，吃了三十多年，老闆娘從女孩變成老太太了，你還在。這
就是重慶老街道，有記憶也有歷史，還有別人對你的認知。

2013-5-5 16:12

重慶以自幹為敬：敬酒前自斟一杯，或滿或多或少，端至客人前，雙手
向上，曰：我幹了，你隨意。先一飲而盡，再靜候客人。怎麼喝都行，
然後謝謝一聲回座。──全中國敬酒習慣最好的是重慶人，嚴於律己，
寬於待人。

2013-5-11 10:12

只有當生死成為小事時，人才會明白。

2013-5-18 13:14

甘地的偉大在於寬容與堅守的反思精神。

2013-5-20 00:22

信樂團唱道：真話有時太尖銳，別人總說著謊言。——唱得真好，很有
體會。

2013-5-25 04:01

去羅馬路上，在博洛尼亞張大力家做客。我是他邀請第一個中國客人，
很榮幸。妻子很賢慧，女兒很漂亮。家在市中心廣場附近，老房子，安
靜而舒適。客廳有十八世紀博洛尼亞畫家的畫，專畫廢墟，很早的形而
上與超現實。我說哩，契裏柯是怎麼冒出來的。因為我們的展覽有一個
部分叫廢墟，故心有戚戚焉。

2013-6-6 15:29

博洛尼亞市中心廣場，教堂對面是老市政廳，宗教權力與政府權力。但
正面兩幢建築則代表大學，知識權力。博洛尼亞是歐洲最早建立大學研
究法律和醫學的城市，時間為1088年。也是歐洲最早解剖人體的地方，
故博洛尼亞藝術學院很有名，著名畫家莫蘭迪就是這裏人並在藝術學院
任教。

　　羅馬外，宋鋼家。小院親切，雞鳴狗叫，還有一隻烏龜跟著腳。櫻
桃已熟，蘋果正在長，檸檬隨時可以摘下泡茶。老婆孩子回國去了，我
們兩個人，一瓶酒，幾粒花生，以前所曆的很多事兒，盡在不言中。

宋鋼家裏的烏龜，喜歡人，很懂事兒。一有人來，必在臺階上迎接。很有份兒，從來不下臺階。會跟著人，表示親密，然後踱步走開。吃蘋果、蔬菜，典型的素食主義者。

　　宋鋼家的老母雞爵吉婭，總是躲著主人在院子裏生蛋。一旦被主人發現，便尋出一、二十只。爵吉婭總是很生氣，又得另找地方了。瞧，又被發現了，真是氣死我了！人怎麼這樣貪吃，即使是主人，也不應該的。——呵，呵，親愛的爵吉婭！

2013-6-7 17:26分四次發佈

小火車站，有通勤車去羅馬，四十分鐘可到。在候車室的老木椅上，你會記得什麼時候來過、離開，什麼人與你同行，或者來送別你。——在中國這些記憶都消失殆盡，因為一切都是新的，所有關於歷史真實的記憶都屬於摧毀之列。只因為一個原因，它們對政黨化的現實功利無用。小車站旁是義大利國家高爾夫球場，凡義大利公民均可申請免費使用。這和中國的類似場所，只是官商出入、勾結的地方，真是不一樣，大不一樣。

2013-6-7 17:59分兩次發佈

今日重慶，盛夏來臨。氣溫39度，熱氣襲人，入夜尚不能退。踏步平臺，偶見月掛屋角，頓覺清涼。難怪古人稱廣寒宮。可見中國人之自然觀，實重陰陽之辨。陰則冷，陽則暖，久之竟成直覺。其實陰之于陽亦暖矣，反之亦然。萬物之變在相互關係。月照東牆，涼生藤薇，乃靜觀之得，此所謂自然之道亦人心之道也。

2013-6-17 22:35

重慶夏天很豐盛，不僅陽光強、溫度高，植物也很猛。一個月沒回家，青藤狂長，封住了通向露臺的門。有一束貼在二樓窗上，透過光線逆視，有動感有生機。仿佛主人不在，自由，想怎麼長就怎麼長。好幾年了，沒見它這麼如願過。看來房產權不盡屬於主人，也屬於這裏樹木花草，飛鳥蟲魚和有時光顧的老鼠與貓。

2013-6-20 13：28

生活綿延，需要中斷，再重新開始，人有時需要回到起點。

2013-7-4 18:23

從來沒見過北海的藍花蟹，真漂亮，真新鮮，實在是水中的帥男倩女。不像其他螃蟹那麼張牙舞爪，有如水族黑惡勢力。明麗、鮮明、新銳，很有青春派的份兒。在北海灰藍色的海水裏，一定代表著時尚潮流和新生力量。

2013-7-10 11:54

重慶大暑，周日午睡，竟至日西。人在老美院黃桷坪桃花山側電梯樓十七層，得撰室聯一幅。曰："一門關盡，藏書萬卷，有兩三杯清茶足矣；數窗眺出，攬世百態，得四五節新詩善哉。"——自嘲自詡自己呆著亦自得其樂也。

2013-7-14 17:24

又到放假時候，老美院看不見什麼人，尤其是熟人。晨起出門，花工澆水，保安衛門，突然覺得自己住在莊園裏，這麼大，這麼靜，真是太奢侈太闊氣了。瞧這青竹，如此蔭涼，還是三十年前剛來美院時，犀期六義務勞動時我們親手栽的。——老地方好，熟悉，不用費太大力就活得很好，可以騰出手做點別的事。

2013-7-16 09:07

香港，住九龍旺角仕德福酒店，房間小，還雙人。房價一晚900元人民幣，不菲。晨起尋食，圍著酒店逛了四條街，粉面、煲粥、西點、日餐什麼都有，還有街頭小鋪立取即食。不過，更多門面是賣房子的，尚未開門，已有店員立在街上發帖。看來在香港買房置業是第一位的，吃飯穿衣則在其後，難怪這裏所到之處全是房子。

2013-7-19 08:14

晨起。烈日未出，暑熱已退，天空透明而清新。來新校區農家樂宿舍是為了給植物澆水，外出好幾天，一直連晴高溫。草木是有靈性的，水撒一去，樹葉沙沙作響，草皮滋滋發聲，感覺爽利十分。剛澆時幹幹的，一旦飽合潤濕，回聲會變得厚實，聽著很愜意。其實人有時要做點小事，才能體會事物之具體與過程之細微。

2013-7-30 12:46

《中國，讓我最後一次為你哭泣》：

　　本來我已心如死灰／思若止水／／中國啊中國／／你竟然是這樣殘忍／可以開著碾路機／把一名婦女壓成肉泥／只為她不願意搬出自己的住地／／你竟然是這樣無恥／可以一邊頌揚體制一邊貪污錢財／一邊把子女／送到媒體必須咒罵的美國去／你竟然是這樣虛偽／假口號假決議假新聞還有假名牌／讓嬰兒喝有毒的奶粉／讓老人吃致命保健品／從什麼時候開始／你成為謊言的故鄉／惡棍的天堂／從什麼時候開始／你成為沒有

今天去香格里拉藍月山谷的石卡雪山，拍下一張神奇莫測的照片。當時風很大很冷，陽光明亮，天空一片湛藍。遠方是玉龍雪山，清晰可見，舉手機一拍，照片中天光奇特。但細看天空沒這光線。同行人說雪山都是藏人的聖山，山神不盡為佛所管，時有異乎尋常的表現。

信念的臭皮囊／拋棄價值的垃圾場／三十年前北島說／"卑鄙是卑鄙者
的通行證／高尚是高尚者的墓誌銘"／三十年後──／更卑鄙成為更加
卑鄙者的通行證／而高尚卻沒有了墓誌銘//中國啊中國//本來我已心如
死灰／思若止水//讓我最後一次為你哭泣吧／我發誓這是最後一次／讓
我最後一次做一個愛國者／我怕我從今後對罪惡麻木／對痛苦冷漠／我
怕我從今後與狼為伍／去做從林野獸嗜血為生//中國啊中國//讓我最後
一次為你哭泣吧//你有五千年文明／那麼多讓人驚羨的歷史文化／怎麼
會毀於一旦／──因為"一切權力歸農會"?!／你有無數志士仁人／那麼
多天下興亡的豪情壯志／怎麼會消失殆盡／──因為"團結在×××同
志周圍"?!//你有廣袤的山川河流／那麼多民族的發祥之地／怎麼會貧瘠
而污染／──只因為"發展才是硬道理"//你有禮儀之邦的美譽／那麼多
善待天下的傳聞／怎麼會成為世界威脅／只因為"英特那雄耐爾一定要
實現"／這是最後的鬥爭還是源起的咒語／這是虛構的神話還是無知的
現實//中國啊中國//趁哭泣的權利還未喪失／讓我最後一次放聲痛哭//和
天地一道／和山川一道／和風雨雲霞一道／和花草樹木一道／和蟲魚鳥
獸一道／和祖先一道／和親人一道／和我的同胞一道／放聲痛哭吧／最
後一次／最後一次痛哭 啊我的我們的──／"可愛的中國"！

2013-7-30 14:07分七次發佈

騰沖乃當年徐霞客作記之處，其旅遊項目為熱海溫泉、北海濕地、銀杏
村莊、國殤墓園等，規劃適度，設計地道，給人以實恰之感，既達國際
水準又有獨特韻致，且人流尚未蜂湧而至，早去為佳也。

2013-7-30 14:28

晨起讀書，剛入章節，忽然被一陣勞動號子打斷。原來是樓下舊房撤除，工人正在屋頂幹活。這幾天重慶太熱，他們趁早涼快搶工。好久沒聽到這樣有力的號子聲，感覺很親切。想起小時候，街上一群放學的孩子，跟著抬工邊走邊叫，聲嘶力竭，就像是不久前的事兒。──人到了年長，就不能找個地兒大聲叫喊麼？該叫就叫罷！叫了有什麼結果再說──最壞的結果也許是沒結果，但也叫過了。

2013-8-6 11:44分兩次發佈

沒有神的救贖，只有人通過對自身及人類罪惡的反省懺悔，讓自己得到神的憐憫──人只能自我救贖，神只接受自我救贖的人；不管你信不信神，神都會接受你的。神人之間還有一種人，那就是耶穌，上帝之子生於人間聖母之腹，承受苦難幫助自己和別人認識罪惡以走上救贖之路。在今天，耶穌的名字叫做知識份子。

2013-8-26 14:25

秋天到了，這個資訊是洗手間地板磚上的螞蟻告訴我的。天一退涼，它們就開始忙碌，準備冬糧。我家住17樓，它們是怎麼上來的？爬行？乘電梯？還是隨風空降？它們找到吃的，是搬回地面老巢？還是暫留我家？這些我不知道，但我知道人類誕生前就有螞蟻，而人類滅亡後螞蟻還會在。因為它們小，因為它們頑強。

2013-9-1 12:45

東西南北一圈轉回，重慶暑熱盡消。天涼好個秋，家裏丹桂開了，燦若繁星。銀桂淡白，金桂鵝黃，唯丹桂以黃紅色而為上乘。黃紅色不是橙色，而是在黃色中顯出紅色，這是在調色盤上調不出來。濃郁色彩與濃烈香氣相配，丹桂之香，香中帶甜，而且甜味是嗅出來而不是嘗出來的。所以沁入心脾，很是與眾不同。

2013-9-12 19:20

近視眼有個好處，取了鏡子，眼前一片模糊。於是景色因朦朧而充滿情調，不再那麼具體、清晰，逼人觀看細節。鳥叫似乎更清脆，入耳特別鮮明。這就像大自然的美，總是在暮色、晨暉、雨霧中顯得統一，沒有雜亂和荒蕪，只有協調與和諧。──這說明什麼呢？人生難得糊塗。糊塗一點，超脫一點，有時是一種幸福。

2013-9-13 09:35

李敖會罵人，但會罵人不等於懂政治。李敖最大的問題是以為自己什麼都懂，而他這輩子唯一不懂的是：知之為知之，不知為不知，是知也。知無不言，李敖令人佩服；不知不言，李敖還沒弄明白。

2013-9-13 20:36

超善惡而識真，歷史必定向善；洞是非而歸本，人生自然明是。──中秋一聯，以饗網友。

2013-9-20 09:27

廣東東榮商務酒店。晨起用餐，就在桌前，一池清水，倒影交錯、波光鱗動，池水深邃而有層次。我從未見過這麼多豐肥豔麗的彩鯉，集中養在一個池子裏。這就好像服裝表演的走秀臺上，突然走出一大群穿著華貴、坦胸露背的大個美女，只讓人驚羨得喘不過氣來。

2013-10-16 08:15

北京也有浪漫時。滿城堵車，令人心煩意亂。忽見車窗前風箏揚起，一點飄忽，上下悠遊，看人間碌碌不知何為。笑矣乎？歎矣乎？

2013-10-21 15:02

西安四季酒店的插花。直接開在柱狀直莖上，如此厚實飽滿富胎，讓人覺得有如人造。仔細一看，花紋動人，質感有致，觸之潤澤似雨霧溫柔、似手帶留香。想今日文化，假作真，真蔽假，中國尤甚。歎社會難比自然，人類不如草木矣。

2013-10-22 10:37

"霧重慶"原為美稱，言山城秋冬之季有時水霧繚繞，房屋櫛比鱗次時隱時現，城在霧中，霧在城裏。還記得幼年上學時，晨霧濃至幾步之外一片茫然。只是後來空氣污染，霧氣名聲大壞。其實雨霧或晨昏中的重慶城，還是最值得看看的。

2013-11-3 21:21

歌手張懸說青天白日是來自臺灣家鄉的國旗，這話並沒錯：1、臺灣是其家鄉；2、臺灣現治于中華民國；3、青天白日是中華民國國旗。——用不著硬說人家台獨，更何況統獨作為個人觀點不違臺灣民主體制。大陸網友個人看法如何自有權利表達，但大可不必群起而攻之，更不必把個人意見強加於人。

2013-11-7 08:54

買書好處太多：1、買本找了好久的書是件最快樂的事；2、書放在家中想看就看；3、買下的書會形成你的知識圈，圈子還是大點好；4、總是人民幣貶值買的書增值；5、自己看了後人還可以再看；6、由書可知這人這家是怎麼回事兒？7、藏書如藏寶讓人著迷；8、書藏於民，官家難以愚民；9、書香門第總要重建，為了後人多買點書好！

2013-11-21 17:48

重慶秋冬之季或陰或雨，難見藍天白雲。今日忽然陽光燦爛，市民如同過節。因做家人展覽來三峽博物館，見大禮堂峨然而上，風采依舊，還是迄今為止重慶最好的建築。雖借天壇之形，但依山佈局，也別有一番風采。

2013-11-24 16:53

晨曦進屋，又是大好晴天。昨夜賭牌告負，心情還是大好。打麻將有的是好處：輸了，座上來的都是有頭有臉的人，輸點錢應該，三陪，怎能不付錢呢？如若打平，三陪免費，上哪里找這等好事兒？說不定還會贏錢，三陪相伴夜深，還倒給錢，這世界對人也太好了。──太陽一出，好日子就到了，工作室去吧，歐也！

2013-11-25 08:35

《仿劉禹錫陋室銘》自存：錢不在多，有點則盡；名不在廣，有識則惜。斯是陋室，唯吾敝珍。寒潮入室暖，冷月上簾清。風雨見墨痕，談笑生筆意。可以揭虛情，見真心，養無形之生氣，棄有利之玄機。遠有鮑照詩，近有志敏文，孔子曰：富貴於我如浮雲。

2013-11-26 08:23

想起柔石詩句："秋天來了，聽風兒的蕭蕭……"──秋天的清涼與憔悴都是秋天的風采，就像人的純粹與孤獨同樣是人的體會。落葉知秋體會時間，可以發現時間不僅有刻度，還有記錄、回憶、聯想及思緒情感等很多東西。古人正是在這樣的體會中創造了偉大文化，今天的中國人還能在時間的刻度上留下什麼呢？

2013-12-2 10:59

深秋，清晨，初晴，黃桷坪川美老校區。一條車道，無車無人，無廣播之亂耳，無標語之勞神，難得清靜。──每日早起，只為這黃金時段，如銀杏兀自挺拔，悄然一地黃葉。

2013-12-4 21:54

這兩天在川美新校區上課，經常穿過土著哈裏波特石拱門。陽光很好，在重慶秋冬之交稀缺難得。不僅銀杏樹明黃如金，連爬壁虎的殘葉也顯得橙黃帶紅。秋天乃空虛寂寥冷漠之季，卻也如此豐富飽滿獨立，難怪古人登高望遠皆選在此時也。

2013-12-12 15:47

羨慕嫉妒恨、冷嘲熱諷酸、寂寞空虛冷、鬱悶苦惱煩──說明人之罪與罰。唯有罪求贖，苦中作樂，方得還償原罪，回頭苦海。罪贖苦樂之謂，執迷者均不得解，唯超越者善哉善哉。

2013-12-30 19:03

晨起從大學城去老校區工作室趕篇文章，路上大霧彌漫，二十米外不現路面。途中見一輛貨車撞上護欄，如荒原上一具動物骨架。山巒靜視，樓宇圍觀，唯霧氣濃烈，流淌於天地之間。突然想起在中國弄文字的人，也就是這情景：面對彌天大謊，非大膽、專注、認准目標而不能為。然時不我待，何可雲開而霧散也。

2013-12-31 11:44

雲南。香格里拉。頗有藏族建築風格的機場。天空湛藍，冬日燦爛，白雲駐留有意，光線清澄似水。遠山厚重、恢宏而莊嚴，確有聖山神峰之感。想起詹姆斯‧希爾頓在《消失的地平線》中說過的那句話："自己心靈深處的那個世界已經濃縮成為香格里拉"。且願這裏不因旅遊開發而破壞。期待明天，將看到些什麼？

2014-1-7 21:36

香格里拉有藍天白雲、雪峰峽谷，有森林環繞的湖泊，有輝煌的廟宇和古老的鄉鎮，還有靜謐、安寧、記憶與發現。記住當年活佛對康維是這樣說的："所有這些好處當中，最寶貴的是你有了時間——那最珍貴而可愛的禮物——你們西方人越是追求越是失去"。現在，越是追求越是失去輪到了中國人，而且不顧一切。

2014-1-8 07:21

住在古鎮上阿若康巴南索達莊園，很地道的旅遊賓館，放在全世界任何景區都不差。晨起開窗，清冷，一片寧靜。偶有犬吠，皆遙遠而低沉。天上有鳥成群，從寺頂掠過，飛向日光初露的山間。在這裏讀讀書，喝喝茶，時光就像溫柔的女人悄悄看著你，從不催促。

2014-1-8 08:34

清邁大塔寺，這裏最漂亮的建築。700多年前諸侯王朝所建，經緬甸佔領和泰國四朝保存至今。看到大塔寺內的佛衆只覺羨慕。泰國歷史不過千年，卻能從官方到民間延續至今而不中斷，且能作為民主國家在保持自然生態的前提逐步進入現代化（比如國民教育至高中全免費）。想想我們為了現代化不顧一切的舉措，是否應反省，中國之于亞洲更應多一點貢獻少一點威脅？

今天去香格里拉藍月山谷的石卡雪山,拍下一張神奇莫測的照片。當時風很大很冷,陽光明亮,天空一片湛藍。遠方是玉龍雪山,清晰可見,舉手機一拍,照片中天光奇特。但細看天空沒這光線。同行人說雪山都是藏人的聖山,山神不盡為佛所管,時有異乎尋常的表現。

2014-1-8 20:10

香格里拉普達措國家森林公園屬都湖。沿棧道步行,草地、植物均得保護;垃圾桶是水桶形的,置於水邊很協調;走一段還有休息處和吸煙室,很國際化。冬天來此很好,看得見小松鼠,聽得見冰裂的聲音——像是人聲,在這裏冰也是有生命的。

2014-1-9 12:02

普達措國家森林公園碧塔海邊的松鼠,很有明星像,擺著姿勢,一動不動讓人湊近拍照。我從來沒拍過松鼠正面照,這是頭回兒。藏文化敬畏自然,信仰萬物有神。這裏的原始森林得以保存,藏人之功,當萬世傳頌。

2014-1-9 14:00

昨離香格里拉,晚上古城突發大火。據新聞聯播報導,燒毀房屋240多幢,占城域三分之二。更有在場朋友來電,古城實近毀滅,損失極為慘重。想去時曾與主管部門交談,首先說到集中供暖供氧,調節旅遊淡旺季,利於預防火災。不料真會危在旦夕。嗚乎哀哉!我佛慈悲,望重建能修舊如舊,安全永固,環保生態。

2014-1-11 21:22

我家梅花開了，素心梅，花心淡黃不發紅的那種，特別香特別自然的一種梅花。香得很淡又很濃、很濃又很淡。就是香味圍繞著你，始終在，不用嗅就能聞到，悠悠的，不強烈但不間斷，很平常又很意外。有點像鄰居小女孩，突然有一天成為少女，沒怎麼打扮，就讓你驚詫莫名：這麼美，我的上帝，她竟然一直就在身邊！

2014-1-12 22:13

香格里拉古城失火，海內外媒體震動。之前我們去，竟成最後的見證人。當時有詩，再讀悵然矣。《香格里拉．聖山》：碧塔海凍住藍色／石卡山忽現奇光／把所有幻想濃縮成香格里拉／歡迎你來／就象一百多年前歡迎那位教士／歡迎你來到本該如此的地方／／請靜靜呆在湖畔／呆在山窩裏／呆在藏舍二樓窗前／看綢緞般的天／撫流淌有聲的陽光／數數不願回家的雲朵／千萬別存奢望／／香格里拉萬物有靈／讓時間重歸故里／把思想晾在草架上／飄向經幡／溶進酥油茶／最後閃現在小松鼠眼中／／它們從不怕人／正在象明星一樣擺譜拍照。

2014-1-15 13:08 分三次發佈

2013年個人小結：出國兩次，寫詩數首，發文二、三十篇及微博數百條，在威尼斯做了個平行展，並順便在義大利出了本詩集。——自認有更多中國人參加威雙這樣的國際展覽，有利於改變西方對中國當代藝術過於簡單化的認識，也有利於破除既得利益固化和批評話語僵化。總之，投靠官方的江湖只有好處沒有藝術。

2014-1-15 18:18

《工作室小照》：書稿文稿積如山，有生之計在案邊。小雪大雪天不歇，白駒過隙到年關。

2014-1-21 17:39

馬年春節廣告書：欣聞反對四風成就巨大，一直候盼中央分發反腐紅包。至今不聞，似已無望。特佈告天下：凡有想宴請上級以求升官宴請下級以求票選宴請同級以求隱貪的公務員，凡有想宴請官員以求圈地修規以求專案業務撥款劃款貸款的生意人皆可宴請本人，以免想出什麼毛病來。本人頂風吃飯不違黨規。欽此。

2014-1-21 18:05

《和孫振華兄》：人間還有性情在，世上本無主義真。推翻成見乃天職，百無一用是書生。

2014-1-22 08:48

快過年了，給自己和家裏照張相。家是川美老校區的家，住慣了，更安心。所在黃桷坪，城鄉結合部，老街尚存，人活得相對容易。教授打牌，棒棒也打牌，昨天夫人還求保潔工年前能來做個大掃除。太陽一出，梯坎豆花館食客滿座，貧富貴賤無甚區別也不再重要。聽說明年電廠就要搬遷，不知如此生態還能保留否？

2014-1-23 10:46

過年了，給自己和家裏人做了一本書。大哥執筆由我修訂，紀錄我們一家人1949年沒去臺灣留在大陸的遭遇。敘事約30萬言，收入舊照60幅及家人新詩十五首、舊體詩詞二十首、對聯三幅、短文一、二十篇、文件三份、訪談若干。旨在紀錄真相，留下記憶，讓家庭史成為中國大陸史之見證與旁證。且願有更多人來做。

2014-1-25 09:28

古典時代"我思故我在"，我是集體的精英的，故我思則世界在我。現代社會我是個體化的，所思之世界已外在於我，故我思不一定我在。進一步，這個世界不僅外在於我，而且還在用各種力量操控我，所以我只能在外。但"我在外故我在"這話，準確地講，還得加上"我在外而思故我在"——因為還有一個如何思才能在的問題。

2014-1-28 11:58

《賀網友2014春節·文字遊戲詩一首》：梅樹香已淡，淡綠上樹巔。問君春日好，好在我君間。

2014-1-30 16:39

李娜用自己的方式證明了中國人的未來和未來的中國人：我們還有能力活在以個人名義存在的生命裏，而不僅是國家機器的奴隸；我們還有尊嚴面對列祖列宗、家人和朋友，而不僅是政黨意識的奴才；我們還有信心和世界正直善良健康的人為伍，而不是政府官僚的奴僕。面對體制——站起來，中國運動員！站起來，中國人！

2014-2-1 09:20

春節收到的禮物：一個老朋友發來他保留了25年的照片，看看原來是我。想當年還這麼年青過，瘦點兒，但有點酷也有點帥。重要的是地點，重慶兩路口街心，當年重慶唯一保存的高杆交警亭上。在幹嘛呢？

在說話；說什麼話？──這老早就反復過堂問過了。朋友還是老的好，照片也是，哪怕它已發黃。這就是歷史。

2014-2-1 12:28

人走客散，閑來無事，口撰一聯：上聯：走──回家──除夕夜──九菜一湯──點得炫禮花──樂翻你丈毋娘；下聯：瞧──起霾──新年晨──七條八段──收到孬網信──悲摧我中國心。橫批：這兩天兒過得。

2014-2-1 15:26

對無恥的體制，無禮是一種自尊。

2014-2-1 19:50

2月7日：在泰國清邁度馬年寒假。安全、祥和、陽光燦爛。導遊是國民黨53師的後代，總是以這裏自然生態優越為榮。

躺在草地上看天空，樹和天、藍和綠，似乎只是反應不需要辨認，和站在地上看不一樣。

泰國的《泉》，很可能也和安格爾有關。

清邁大塔寺，這裏最漂亮的建築。700多年前諸侯王朝所建，經緬甸佔領和泰國四朝保存至今。看到大塔寺內的佛眾只覺羨慕。泰國歷史不過千年，卻能從官方到民間延續至今而不中斷，且能作為民主國家在保持自然生態的前提逐步進入現代化（比如國民教育至高中全免費）。想想我們為了現代化不顧一切的舉措，是否應反省，中國之于亞洲更應多一點貢獻少一點威脅？

在清邁，按摩有名，遊客不可不做；按摩，又以女子監獄按摩院最有名，往往要預約。我們逛古城，街中撞著一家，問問，尚可足浴。入內等候，香氣襲人，不濃烈，很愜意。其女按摩地道，柔和而著力，確實讓人享受。據說按摩女都是短期刑犯，經培訓上崗，出獄時工資一併結算帶走。這倒是個好辦法哩！

沒見過波蘿蜜是這樣結在樹上的。巨大的樹幹像是只該長枝葉的，突然生出橄欖球樣的果實，青澀或黃褐，甚是古怪。這不可思議的意外，讓老樹幹平添生氣，如一個老年得子的家庭一下子有了期待，充滿歡欣。真是神奇的樹和神奇的果實！

在清邁見到兩個博物館一個美術館。博物館陳列一般，許多學生在內，老師帶著上課講解。

泰國歷史之久遠肯定不如中國，但感覺他們的歷史就活在城市之中，在人們的習俗裏，在街頭路邊，在清邁人雙手合什、低頭一笑的謙和的瞬間。不像我們，歷史只是博物館出土文物，和今天的城市、今天的生活無關。

2014-2-9 06:14 分七次發佈

2日8日：在清邁，按摩有名，遊客不可不做；按摩，又以女子監獄按摩院最有名，往往要預約。我們逛古城，街中撞著一家，問問，尚可足浴。入內等候，香氣襲人，不濃烈，很愜意。其女按摩地道，柔和而著力，確實讓人享受。據說按摩女都是短期刑犯，經培訓上崗，出獄時工資一併結算帶走。這倒是個好辦法哩！

2014-2-9 06:15

2日9日：在清邁街頭酒吧坐著，耳邊是歐洲鄉村音樂，見得最多的是老外和紅色公共車。老外男女老少都有，似乎年青女孩更多，這大概是注意力傾向的緣故。紅色排座車隨時可叫，20泰銖一人，人民幣五塊錢，人多時可以殺價。這裏買東西一般不講價，即講，也不能大殺。泰人信佛，不擅坑人，和中國大陸景區差別很大。

清邁古城的酒吧餐館都很有特點。從女子監獄按摩院出來，不遠，隨便走進一家就感覺不錯。到處可以讓人用馬克筆簽名，從廳堂一直簽到廁所。我們也要了筆簽上，還寫上到此一遊時間。不簽白不簽，說不定什麼時候再來，找此店，也平添些樂趣。清邁旅遊就一個字：閑。閑得無事，就找點事兒幹幹。

　　清邁四季酒店喝下午茶。這個酒店在離清邁20公里的山上，低調豪華。村舍和酒店一體，田稼與園藝交集，處處匠心但不露痕跡，步步景致似自然天成。一見便知乃高手之作，入內遊歷方知真正的高手其實都很樸實。想起國內高級賓館、場所之誇張與做作，不免悵然歎息矣。

　　本人屬牛，但沒見過白水牛。今日偶得一見，其形如豬，憨態可掬，不復見中國水牛苦大仇深或勞苦卓絕之態。想中國牛許是太苦太累，終身不得解脫，而泰國牛自由自在自有尊嚴，故心態平和表情寬厚。嗚乎，同屬牛者，傳統國體不同，亦有天壤之別也！

　　清邁週末夜市熱鬧非凡，古城內擺攤設點，各種旅遊商品一應俱全。儘管可淘東西不多，但于萬千商販中尋得一二，也足以讓人興奮。我想中國城市，其實均可在週末將中心繁華地段開放給貧民，賣點可賺錢的東西，勿需申請、勿需負擔，多一條生財之道或活命之道。口口聲聲高談民生，不如來點實惠的吧。

2014-2-10 10:05 分五次發佈

2月10日：對面古城牆，旁邊老街道，兩瓶葡萄酒，在酒吧坐了一日。只有明麗的陽光、清新的空氣和市井的嘈雜，因為無事無思，故心靜心空如月水相對。微醺中賭物觀景，恍然而別有生氣。今晚就要回返，再見了，清邁！

2014-2-10 22;04

前些日子避寒去了泰國，回家立春已久，臘梅落了一地。然天氣尚冷，春暖未上鴨足。昨日元霄，告人年季已過。吃喝玩樂，且不知時辰幾何。今晨醒來，已近晌午。攜一壺清茶小坐屋後，竟見一樹海棠豔麗鮮紅，兀自綻放。呵，春天您終於來了！──呵，只有在春天裏可以百用不厭的"呵"。

2014-2-15 10:50

在家裏突然發現，世界其實很小：就在沙發後這個角落裏，居然有從原始彩陶到當代藝術幾乎每個朝代用過的東西，還有從遙遠美、非、歐洲到就近東、南、西亞的工藝品。咫尺天涯、瞬間古今，人之有限和時空之無限乃是一個巨大的反差。在此差距前，佔有與控制根本無濟於事，只有敬畏與奉獻或許能給人以安慰。

2014-2-16 12:30

我家有三張桌子：書桌、麻將桌、飯桌。書桌和飯桌都是買的，只有麻將桌是自己設計的。主要是座具不再休閒，而是作戰工具，所以不能太舒適。再者就是抽煙機：打牌的人吸煙的多，必須自行設計安裝靜音及四方照明之抽煙設備，不然置身於類似北京霧霾的惡劣環境裏，還有何娛樂可言呢?!

2014-2-25 21:07

我崇尚個體自由：思想、學術、言論等等自由。我生活在四川美院，這裏能讓我存活下來，就是對我的最大恩惠。學院是一個歷史實體，你千萬不要抱怨它虧待了你：學院的偉大在於歷史的輝煌，你若有所作為，將會也只能載留於此。做好想做的事！人事總會變遷，但四川美院只有一個，正像你這個人獨一無二一樣。

2014-3-1 21:01

習慣早起寫作，有時要去工作室拿拿資料。穿過校園總會碰到清潔工，如果是熟人便會問：王老師，這麼早呵？其實他們更早，因為我總是享受潔淨校園的人。原來以為早起，園子無人，就像是私家的，從沒想過幸福的佔有來自別人。——清潔工是我的榜樣，因為藝術批評就是清道，讓審美路徑乾乾淨淨地顯露出來，讓其他人可以在路上"慢慢地走，欣賞啊"。

2014-3-8 07:26

因為有朋友來，一時忙碌也沒時間去買花。看著鄰居的玉蘭花開得正豔，便開了口。過會兒鄰居主人真的剪了一枝送來，還幫忙選配花瓶插上。玉蘭花才可謂高大上：高潔、大方，亭亭玉立朵朵向上，如性情孤傲但內心豐富的女貴族，只要出現就是一種端莊。此乃"遠親不如近鄰"，外加"有朋自遠方來，不亦樂乎"！

2014-3-12 11:33

園子小景桃李花開。桃樹枝如狂草，花若舞娘。李花白如碎雲，為嫩紅作襯，甚是春天景像。一是想起太史公評價終未封侯的李廣：桃李不言，下自成蹊，私下為自己一生不官所慶倖。二是今日聚會乃大學室友，82年畢業已32年矣。民國畢業歌有言：今天我們是桃李芬芳，明天是社會的棟樑。借問諸君：是耶？非耶？

2014-3-12 13:14

昨夜一夢，夢回達州，想來和日前巴山畫院來家征書有關。達州乃大巴山脈重鎮，當年我下鄉落戶之地。古名通川，後稱達縣，通達二字是巴人對交通的嚮往。當知青時從重慶去，要坐十多小時車，現在約兩小時可抵。當然，夢中更快些，有時一晚上就去好幾次。──不知何故，到過好多地方，唯獨這裏魂牽夢繞矣。

2014-3-15 10:57

今天是我上微博兩周年的日子，是"紀"？還是"祭"？真說不清楚。微博於我，是和數萬網友的交往與溝通。每每用手指頭在螢幕上寫字兒，就像是在和一個老朋友說話，而且他知道我曾經說過什麼。微博總是紀錄在案！你說什麼他都不會忘記，你該怎麼說？──沒辦法，我於微博：管他的，說自己想說的罷。

2014-3-31 22:47

好久沒看見燕子了！這次去安徽霍山，縣城人家有燕巢在。去得佛子嶺水庫，只見燕子在電線上站得密密麻麻，像一串串空中糖葫蘆。突然想起小時候我家重慶南紀門，旁邊有個燕喜洞。每到傍晚，電線上就站滿了燕子，嘰嘰喳喳一片喧嘩，人行道上撒的全是白色燕糞。這是它們的歡樂聚會，現在沒了，將來還會有嗎？

2014-4-19 15:46

薔薇開了，木籬上點點嫣紅。一塘水本來不怎麼樣──因春雨太猛有些混濁，但鮮花這麼一點綴，頓時活潑：山之倒影、風之過痕，在水中皆因花之映襯而生動。花乃春天精神，尤其是紅花，無論豔紅薔薇、粉紅

因為有朋友來，一時忙碌也沒時間去買花。看著鄰居的玉蘭花開得正豔，便開了口。過會兒鄰居主人真的剪了一枝送來，還幫忙選配花瓶插上。玉蘭花才可謂高大上：高潔、大方，亭亭玉立朵朵向上，如性情孤傲但內心豐富的女貴族，只要出現就是一種端莊。此乃"遠親不如近鄰"，外加"有朋自遠方來，不亦樂乎"！

繡球，還是淡紅甜香的芍藥，都能讓濃綠的樹、灰藍的天、橙黃的陽光，因主旋律響亮而交相奏鳴。

2014-4-22 09:27

書桌窗外的樹上，有兩隻小巢，是微型的鳥類建築。架在幾杈綠樹枝上，絨絨如蒲公英般輕盈，仿佛吹口氣就會飄散而去。但不管狂風暴雨，它們始終都在那裏。靜靜的，向著藍天，伴著流雲，等待新生命的誕生。甚至沒怎麼看見母鳥去來，它們為守護自己的秘密，很小心——就像樹下這個人，提起筆來如臨深谷。

2014-5-3 09:46

在美院好久沒看見秦媽了：她是一位個子矮小的老人，總在院裏走著，拾些樹枝廢紙之類的東西。家人怎麼說她，她也這樣。已習慣早晚見到單薄的身影，她喜打招呼，笑得很真。據說患老年癡呆，但她總記得我的名字。剛才走在路上突然問起，才知老人去世已有好久。我一下噎住了：難怪校園裏最近真的缺了什麼！

2014-5-10 22:14

後院有一灣水，是原來山間的老堰塘。剛下過雨，還帶著泥色。對岸青山，無論冬夏，皆林木蔥榮。水邊那處睡蓮，是種下時立足未穩，給風吹過去的。長大成團，時有水鳥飛來，輕輕降落，然後在蓮葉上踮著腳踱來踱去。就好像小女孩，在沒人注意時，穿上母親的高跟鞋悄悄顯擺。嗨，只是被我瞧見了，真是很不好意思。

2014-5-13 07:40

清晨獨茗，有茶熏之法：取茶葉較通常稍多，洗茶、泡茶後就壺口薰蒸。以鼻咽口腔呼吸換氣，任茶氣撲面，清香襲人。以綠茶最好，有明目、養顏、抑癌之功效。且早起之人，頭暈腦脹，從眠到醒，總有個過程。經此法兩遍作業，神清氣爽，即可開始工作矣——本人多年成習，不當私享，薦與茶友，不妨一試。

2014-5-14 08:22

前兩天巡看小院，天陰，三角梅開得有些暗淡。曾自言自語雲：今年並非花期小年，怎麼會是這樣呢？誰知今天一來，這廊架竟開得如火如荼，雲蒸霞蔚，如此燦爛輝煌，把家門口裝扮得煥然一新。初夏已至，正是三角梅競相綻放之季。花草樹木和人相處久了，也會發生感應，變成朋友，有些事兒看來是可以商量的喲。

2014-5-18 16:12

一片綠色，因晨明而清新，因光朗而豐富。唯一遺憾是剛下過雨，水混點兒。不過對面住著的野鴛鴦喜歡，水清則無魚嘛，趁混水摸魚，難怪它們這麼早起。平常只見一隻，今日成雙，共用自然生活之樂趣。鴛鴦野合從古到今不變，不像中國人，孔子之後就再也沒聽說過誰自野合——是怕聰明人太多，沒法安頓麼？

2014-5-27 09:23

雨中黃桷坪，街道感強，市井味極濃。這裏最豪華的"宴歡酒樓"，招牌特別醒目。因為霧氣籠罩的緣故，再亂的沿街陳列擺放，也變得統一協調豐富好看起來。坐在路邊小店雨棚下，點一盤黃瓜肉絲炒飯慢慢吃。看著考生美女不時飄然而過，即有雨滴沾衣，也不覺得了。

2014-6-9 12:27

人對待動物起碼有兩條倫理：一，保護自然形成的物種，不因人的存在而致使滅絕；二，在動物身上類比性地體現人性。人為活著殺豬宰牛，這是物競天成自然規律，但不能虐殺、折磨動物卻是人性的心理需要。古人有君子遠庖廚之說，以等級社會為憑講的也就是這個道理。虐狗以求賣錢顯然是不人道的。

2014-6-21 08:40

晨起修改錄音稿，真是件讓人痛苦不堪的事兒！弄個一、二十頁，非得歇口氣，出去走走不可。踱步水邊，忽見一蜻蜓飛來，身體輕盈，色澤黑黃相間，形貌甚倩。其尋一蓮葉，便開始以尾相觸，不斷彎弓彈動，連續作業竟達刻鐘之久。是在產卵？還是在鍛練？吾不得而知。回來繼續改稿，欣欣然，心有感動焉。

2014-7-2 09:22

舌尖上的中國為甚廣受歡迎？是因味覺、"食"是最為頑固的地域文化身體三者合一的歷史記憶。衣為時尚所誘，住被建築改觀，行則失落故園，資本操控欲望，意識形態鉗制思想，讓自我失卻諸多生存記憶，唯獨難以剝奪的是飲食習慣。我們可以接受義大利比薩和印度菜，但永遠難忘家鄉的那碗面、那一盅芝麻糊。

在中國，戰無不勝的馬列主義毛澤東思想鄧小平理論三個代表重要思想科學發展觀中國夢唯一不能征服的就只有味覺了。

2014-7-7 08:42分兩次發佈

荷阿半決賽打得不錯，但全在預料中，讓人多少有點失落。不想再睡回頭覺，出房門踱踱。忽見石缸邊端坐一隻青蛙，睜大眼睛，一動不動，在看什麼？抑或在想：這人是怎麼回事，不是球迷還看足球？我湊上去拍照，距離不到十釐米，它也不在乎，還是曲著手想自己的心事。為了不打擾它，我還是回屋改稿子去罷。

2014-7-10 07:28

習慣早起，喜在迷糊中打坐。四下安靜，有隱隱蟲鳴。新校區鳥兒開始叫的時候是5點40分。最初一兩聲獨鳴，其音蒼勁，如在報晨。接著有呼應含混不清。再下來則是嘰嘰咕咕的喃呢，似乎是酣睡一群被吵醒，埋怨著哩：六點以後再叫要死人哪！但再過會兒，則一片喧嘩。此時眼中漸有亮色，而樹影已從水中浮現。

2014-7-22 06:30

重慶盛夏，只要熱起來，就不肯停息。白天烈日似火，入夜空氣發燙。昨晚飛機晚點，到家已近4時。早上起來，暈暈的，只坐在沙發上聽蟬。蟬聲總是成片，如浮雲，由遠及近，然後在窗前散開，恍若碎片；過一會兒再來，周而復始，伴著愈見明亮的陽光和慢慢上升的溫度。你知道：又一個讓人興奮的日子開始了。

2014-7-28 07:51

大暑之日，晨起澆花。枝葉搖曳，泥土滋滋作響，就像70後暢飲可口可樂那個樣兒。不到半小時，手臂便被蚊蟲叮了幾個大皰，想是渴血太久，下口狠了點兒。萬物皆有生存的權利，人當然也不例外；但人若只有生存權，那還叫人嗎？萬物亦有發展的權力，人複亦然；但人的發展危及他物時，是不是應該加以克制呢？

2014-7-30 10:27

原來只知道海棠開花，色彩殷紅，構形精緻，得天工之精雕細作，非常誘人觀賞。不知海棠也會掛果，而且特別執著。花樹皆有大小年，小年贏弱，如人失意。逢晴雨無常，更是時運不濟。然海棠傾一樹之力，也要結出豐碩成果，高高掛在枝上。哪怕是一顆，哪怕是孤獨，為了立世與啟後，一定要飽滿、一定要豐厚。

2014-7-30 11:06

在37、8度高溫肆虐之後，重慶終於下雨了。我本不太怕熱，但仍十二分地欣喜雨的涼意。這與空調避暑不同，能嗅到遠方山間的氣息。雨的清爽是普及的，仿佛身體每個細胞都被清洗過，很潔淨很自如。此刻你不想幹任何事兒，只想沉浸在這種沁入肌膚的氛圍裏。大自然進入室內的方式，最親切的恐怕就是下雨吧？

2014-8-1 07:16

塞拉里昂埃博拉病毒專家謝赫·奧馬爾·汗在防控全球最嚴重埃博拉疫情的工作中，因感染該病毒不治身亡，全世界所有的人都應向這位偉大的醫生致哀！美國派專機把在非洲幫助治療感染者而被感染的醫生肯

深秋，清晨，初晴，黃桷坪川美老校區。一條車道，無車無人，無廣播之亂耳，無標語之勞神，難得清靜。——每日早起，只為這黃金時段，如銀杏兀自挺拔，悄然一地黃葉。

特‧布蘭特利和工作人員南茜‧賴特博爾接回治療，哪怕這一致命病毒首次登陸美國。謹向這個偉大的國家致敬！

2014-8-4 15:00

大暑，值立秋日。有朋友邀上縉雲山，昨夜城中大雨，但山中只有閃電。晨起飲茶園中，內外俱爽。有蝴蝶徑直停在腳邊，抖動雙翅，似做晨練；有蟬在欄杆柱頭鳴叫，尾端微顫，與叫聲之長短相應。山莊主人說，公蟬和母蟬叫聲並不一樣，晨昏暑涼之中亦有差別。分辨如此，心靜如此，可見其聽蟬之功已有閱歷矣。

2014-8-8 08:56

一隻小蝸牛爬上了我家水管，稚嫩得連殼也似乎是透明的，動作小心但並不懼怕。也許是天太熱，這小東西貪涼，身體貼在水管上很爽，便顧不得許多。捉了去院子假山石，給它找個家。開始這傢伙還縮縮頭，不一會便伸出兩條觸鬚東搖西晃，很不在乎。沒事兒，慢慢會成熟的S──啊，應該說我是您的熟人才對。

2014-8-10 19:07

院子後面有一處山水真好，酷暑之後一場大雨，秋天伴著涼意和一、兩聲瑟瑟鳥語不期而至。昨天還瞧著乾枯樹叢準備晨起澆花，這不，全免了。大自然的恩賜真是無所不在，觀雨似塘中織錦，聽聲如珠落玉盤，小坐簷下則清氣襲人。聞說而今進入人類紀時代，人進而天退。只恐如此之進退，天不行健，人世必危矣

2014-8-11 09:16

我家桃子熟了，還沒注意地上便掉了許多。見樹上還有掛著，摘了一顆，不大，色澤也不誘人，但綠色天然，生態環保，無污染無轉基因則是肯定的。削出來顏色很好，桃肉青黃，桃核粉紅，品像絕對一流。咬一口，不夠甜，有點酸，還帶澀味，可只覺正宗。在書桌上吃這種水果醒神，讓人始終不能忘記自然的作用。

2014-8-17 10:25

正啃鵝翅，忽然想到個道理：這世間事兒其實皆以小見大：原子構成世界，或者是更小更小的東西。鵝翅膀也可以——這翅肉為何好吃？一曰特別，二曰難得，介於骨肉脆軟之間，非愛好者不能得不願得矣。我指的是骨頭縫的滋味，這不是舌尖上的中國，而是牙縫中的中國。少，不易，稀奇！人生不也就是如此麼？

2014-8-17 19:17

晨起獨飲，有茶熏之法：綠茶為上，取用稍多。杯壺皆可，洗茶濾水後置於口鼻處呼吸，任茶氣撲面，自控或左或右或上或下。二遍沖泡，濾出茶水待飲，再用熱茶薰蒸，換氣深吸直至茶涼。茶有明目、養顏、抑癌之功效，嗅茶不足以發揮，飲茶尚不及咽喉心肺，唯茶熏可得也。且從眠到醒，神清氣爽，不亦樂乎？

2014-8-28 09:29

四川合江杜皇坳有朋友的酒莊，每年一季釀酒數噸，然後歇業務閑。酒乃七十二度，原漿，窖藏四年後可飲。園內茅屋草舍，銀桂飄香，鵝鴨之聲相聞。中午餐桌上，果蔬皆由自產，肉食皆由自養。只一杯酒，令人烈火中燒；幾巡下肚，則暈暈然睡意漸起。不勝酒力之我，就著清涼、蟲鳴與將至之秋夢，兀自遠去也。

2014-8-31 13:30

門前鐵門處，時有蝴蝶圓寂。蝴蝶之死是很美麗的：尚未色衰，她們便自己擇定安祥之地，告別同類，翩翩飛來，以動人姿態停下，不再動彈。靜靜等待死亡的到來，仿佛是在期盼曾經夢想之地或是回到所由來世的地方。由此想到人與人的尊嚴，詩曰：率意沉浮乃英雄；坦然生死亦丈夫。此非悲情亦非豪情可言也。

2014-9-1 09:32

巴西女總統羅塞夫再次當選連任。其競選T恤上印著她當年在監獄中的照片，舉著自己的編號牌，檔案旁邊注明的字樣是："不悔改"。為了把巴西從極權政治中解救出來，她受過酷刑，並以患癌之軀競選總統。她是巴西人的榜樣，亦是中國人的榜樣，是一切追求正義、民主與國民幸福者的榜樣。

2014-10-28 10:34

秋冬之交，但見一路黃葉。葉掉了，樹還是綠的。草也沒顯出敗象來，還是青青的，很茁壯。梅花正在孕育，枝葉繁盛，就像是穿著寬袍的少婦，正聆聽新生兒的胎音。──昨晚得到消息，舅舅去世了，九十多歲，民國詩人。清晨早起，只覺得詩如秋獲，而詩人就是冬天的黃葉，零落成泥，但那是一條後人可以沿行的路。

2014-11-26 09:42

獵海人

如果不想腦殘
——王林微博錄

作　者	王　林
圖文排版	楊家齊
封面設計	蔡瑋筠
出版策劃	獵海人
	114 台北市內湖區瑞光路76巷69號2樓
	電話：+886-2-2796-3638
製作發行	獵海人
	114 台北市內湖區瑞光路76巷69號2樓
	電話：+886-2-2518-0207
	傳真：+886-2-2518-0778
	服務信箱：s.seahunter@gmail.com
展售門市	**國家書店【松江門市】**
	10485 台北市中山區松江路209號1樓
	電話：+886-2-2518-0207
	三民書局【復北門市】
	10476 台北市復興北路386號
	電話：+886-2-2500-6600
	三民書局【重南門市】
	10045 台北市重慶南路一段61號
	電話：+886-2-2361-7511
網路訂購	博客來網路書店：http://www.books.com.tw
	三民網路書店：http://www.m.sanmin.com.tw
	金石堂網路書店：http://www.kingstone.com.tw
	學思行網路書店：http://www.taaze.tw
法律顧問	毛國樑　律師

出版日期：2015年8月
定　　價：300元

國家圖書館出版品預行編目

如果不想腦殘：王林微博錄 / 王林著. -- 臺北
　市：獵海人, 2015.08
　面；　公分
　ISBN 978-986-92202-1-7(平裝)

　1. 言論集

078　　　　　　　　　　　104017623